大夏

大夏书系·幼儿教育

幼儿园创意美术活动案例集

YOUERYUAN
CHUANGYI MEISHU HUODONG
ANLIJI

谢颖蘋 主编

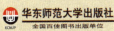
华东师范大学出版社
ECNUP
全国百佳图书出版单位

主　编：谢颖蘋

副主编：上官敏　陈　升

编　委：龚　静　孔楠楠　林萍萍
　　　　刘秋香　王凌燕　庄艺芳

序 1 用美术创作的方式播种真善美的种子

刘纯芳 / 美国加州大学艺术教育博士

欣赏孩子们的作品，让人从内心产生一种强烈的震撼。他们的想象是那么丰富、那么新颖、那么奇特、那么大胆。孩子有无尽的想法，他们会自然地用各种动作、表情、言语、声音、绘画等创造自己的世界。《幼儿园创意美术活动案例集》一书所提供的创作的基础方法，从孩子的感受入手，让孩子学会自己选择，让每个孩子都自己创作，用创作表达他们的思想、宣泄他们的情感，其作品蕴涵了成人难以想象的才能和潜在的力量。

《幼儿园创意美术活动案例集》中的 11 种创作方式是围绕孩子的能力和兴趣点让孩子学习和发展的。它们可以渗透在孩子的课程或区域活动中，孩子运用创作方式，通过欣赏、操作、再创作，加上游戏互动，构成完整的课程内容。孩子在活动中会体验操作过程中的变化，会从操作中得到美感的培养。通过直接感知到实际操作再到经验积累，孩子就能将美呈现出来。从集体课程到区域活动，孩子已经从触觉到视觉再到听嗅味觉的感知。通过与别人互动，就能产生情境学习模式，所以孩子的作品的产生是想象、表现与创造的结果。作品以模仿为起点，将孩子整个大脑的活动都表现出来，体现出变化性、自主性，这也是本书的主要目的。孩子们在创作的过程中借助工具锻炼了肌肉、手眼协调能力，创作方法呈现出的各种不同的叠加、层次以及多种变化，提升了孩子的审美感。

11 种创作方式是依照孩子的能力规划的，比如小班的孩子主要采用不同角度涂色、盖印以及排水等创作方式，中班和大班的孩子在小班孩子创作方式的基础上增加擦印、渲染、拓印和刮画

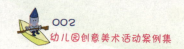
等方法。孩子们在不断积累的过程中呈现出多种美感。

　　书中展示的幼儿创作方式，可以帮助幼儿提高思考能力，也是帮助教师开展幼儿美术活动的重要指南，希望您会用、善用、爱用，期待您能以美术创作方式发展幼儿的真、善、美！

刘纯芳

序 2　知识性、趣味性及人文性的有机统一

陈秉龙 / 福建幼儿师范高等专科学校

在学前儿童美术教育大发展的当下，幼儿园教师越来越重视教学研究，这是一个可喜的现象。厦门市海沧区新阳幼儿园在创办之初，就确定了以教学带科研，以科研促发展的办学理念。幼儿园充分利用海沧区特有的艺术优势，抓住契机对美术活动对幼儿创意思维的培养开展研究，2012 年申报了全国"十二五"立项课题"美术活动对幼儿创意思维培养的研究"，取得了丰硕的成果。该课题的研究成果对探索培养幼儿创新思维能力的最佳途径和方法，发展幼儿的创造力，从而促进幼儿整体素质的提高，具有十分重要的意义。

创新是一个民族进步的灵魂，《幼儿园教育指导纲要（试行）》明确指出："艺术活动是一种情感和创造性活动。"幼儿园教师如何以创新为出发点，针对教学实际，展开契合本园的课题研究，是许多幼儿园共同努力的方向。新阳幼儿园为了做好课题研究，首先着力提高教师的业务水平，通过培训促进教师思维方式的改变，打造一支创新型的师资队伍。幼儿园利用地域优势请来了校外专家提升教师的教学技能，邀请"纸艺达人"罗鸿，为全园教职工亲身演绎纸张上的戏法——折纸，并进行现场教学；邀请海沧本土雕塑家王鹭鹰指导教师陶艺创作……

创意儿童画的教学存在着一定的难度，首先要改变根深蒂固的传统美术教学模式。新阳幼儿园"创意工作室"的教师们在这个过程中积极探索，不断寻找新方法、新材料，研究出了"多元宝盒"，从而解决了工具、材料的问题。教师们还探索寻找到了有园本特色的方法让幼儿充分感受到材料探索的快乐，使幼儿对美

术保持持久的兴趣，促进幼儿审美能力的发展。同时"创意工作室"的教师们还研究出了多种创新的教学方法，培养了幼儿的创新意识，实现了幼儿创意画表现的知识性、趣味性及人文性的有机统一，突破了传统儿童画教学的局限，呈现出儿童画多元化发展的趋势，实现了儿童美术在幼儿阶段教学的突破，给同行们一个很好的借鉴。

"创意工作室"的教学关注了幼儿的成长与发展，使原本单一的儿童画技法变得简单易学、形式丰富，给幼儿带来了新的审美感受，较大程度地适应了幼儿成长的心理，实现了幼儿美术教学的教育意义。我深信《幼儿园创意美术活动案例集》必将给关注幼儿美术教学的教育工作者们以新的启迪。

幼儿期是创造性思维开始萌芽的时期，在艺术活动中开展创新思维培养的研究，正是顺应了时代发展的要求。学前儿童美术教育应充分挖掘多元文化、传统文化中值得借鉴且与之密切联系的文化资源，利用各幼儿园的地域优势，构建一套比较完善的幼儿园创新美术教学课程资源库，把创新教育研究深入开展下去，真正让幼儿在艺术活动中得到审美愉悦，并快乐地成长。

陈秉文

前　言

谢颖蘋 / 厦门市海沧区新阳幼儿园园长

　　我园从 2006 年办园伊始，一群热爱美术的年轻教师们便尝试把美工活动带入课程中。大家开始做美工课程时，压根没去想开发成园本课程，或印成系列图书。大家边做边学，在美学理论上没有太多的思考和研究，但是在实践中始终贯彻着陶行知先生的"做中学"理念，自然而然也作了"合乎生命的节奏"的考量。幼儿园的孩子最感兴趣、最适合做什么呢？答案之一：做手工，画画，合称美工。这是由孩子的年龄特点所决定的。我们请了美国加州大学艺术教育博士刘纯芳教授当指导顾问，她给我们带来的加德纳的多元智能理论，对我们启发很大。基于此，我们在 2007 年申报"在美工活动中发展幼儿多元智能"课题，开始做园本课程的研究。我们的美工课程从起步到逐步发展，再到国内外专家来引领，一步步走过来，并于 2012 年成功申报全国"十二五"课题"美术活动对幼儿创意思维培养的研究"。我们终于从陶行知先生"做中学"的理念中，领悟到美工课程的基本精神·以手脑并用的方式对孩子进行美育，即重在培养孩子的审美能力。孩子在动手、创作、描绘的过程中，神经与肌肉得到很好的发展，从而促进大脑很好的发展，不仅如此，通过实践，还为孩子一生的审美夯实了基础。

　　美，必然联结着"感"，所谓有感而发，即对外界的人、事、物有所反应，从而欲有所表达。马克思说，人要有"审美的眼光"和"音乐的耳朵"。从课程一开始，我们就有意识地在幼儿园中庭、楼梯和美工教室悬挂世界级大师的作品。在活动中也有意识地结合听觉、触觉、视觉的美，有时候，先让孩子们欣赏一段音乐，让他们感受之后再创作；有时候，孩子们创作完之后，可以在音乐的伴奏下，介绍自己的作品；或者，在表演的时候，可以用自己的作品做道具。在做这个课题的过程中，老师们发现，有时候孩子们表达美的欲望很强烈，但是却受到各种限制表达不出来，这时候，老师恰当的帮助就显得十分必要了。我们老师通过摸索、共同研究，形成了适合孩子表达的 11 种创作方式，这 11 种简单的创作方式，帮助每一个孩子把他的想法或感受表达出来。从小班到大班，从孩子们表达的过程中，可以明显地看出他们智力的发展。我们将 11 种创作方式作为孩子们在表达时需要借助的关键性方法，分年龄段进行研究，并进一步梳理归纳——究竟哪些创作方式更适合小班的孩子，哪些创作方式更适合中班、大班的孩子。我们还为每种创作方式设计了相应的工具盒，目的在于培养孩子良好的行为习惯，让孩子从小有次序感，这种习惯养成是隐性的。反观我们的课程实践，我们实际上一直在努力通过美的实践，让每个孩子的人性臻于完整。

以美为核心，孩子通过动手实践来表达，即审美创造，这是他们精神生活的一个部分。所以，提升孩子的表达能力，对提高孩子的精神敏感度和精神生活质量大有裨益。

谢颖苹

目　录
CONTENTS

1　滴流画　001

活动内容一：有趣的滴流（小班）　004

活动内容二：小小波洛克（中班）　008

小小资料库　012

2　擦印画　013

活动内容一：可爱的竹子（中班）　016

活动内容二：睡莲花开（大班）　020

小小资料库　024

3　点彩画　025

活动内容一：爱心胸针（小班）　028

活动内容二：孔雀开屏（中班）　032

活动内容三：树林（中班）　036

活动内容四：创意绘本《秋天的河景》（大班）　040

活动内容五：星空（大班）　044

小小资料库　048

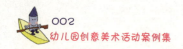

4 盖印画 049

活动内容一：花瓶（小班） 052

活动内容二：神奇的魔镜（小班） 056

活动内容三：梅花（中班） 060

活动内容四：插有雏菊和白头翁的花瓶（中班） 064

活动内容五：花园里（中班） 068

小小资料库 072

5 30 度 60 度涂色 073

活动内容一：小蜗牛（小班） 076

活动内容二：小汽车（中班） 080

活动内容三：彩绘帽（中班） 084

活动内容四：我会变（大班） 088

活动内容五：有趣的脸谱（大班） 094

小小资料库 098

6 90 度圈涂 099

活动内容一：可爱的小卷毛（小班） 102

活动内容二：树林（中班） 106

活动内容三：妈妈的头发（大班） 110

小小资料库 114

7　180 度平涂　115

活动内容一：水果舞会（小班）　118

活动内容二：有趣的纸杯（中班）　122

活动内容三：冬天的树（中班）　126

小小资料库　130

8　渲染画　131

活动内容一：我是小米罗（中班）　134

活动内容二：美丽的花（大班）　138

活动内容三：漂亮的手帕（大班）　142

小小资料库　146

9　拓印画　147

活动内容一：我喜欢的小动物（中班）　150

活动内容二：叶子变变变（大班）　154

小小资料库　158

10 排水画 159
　　活动内容一：扇子（小班） 162
　　活动内容二：飞碟（中班） 166
　　活动内容三：汽车总动员（中班） 170
　　活动内容四：蓝色的大海（大班） 174
　　小小资料库 178

11 刮画 179
　　活动内容一：四季的树（中班） 182
　　活动内容二：飞机（大班） 186
　　活动内容三：可爱的狮子（大班） 190
　　小小资料库 194

附录 195
　　班级门口环境 196
　　隔断环境 198
　　环境一角 200
　　幼儿园区域环境 202
　　幼儿园班级主题环境 205

滴流画

滴流是使用工具将颜料滴在画纸上，通过线条的自然流动轨迹呈现色彩流动的艺术效果。滴流将游戏与艺术创作自然结合，幼儿可以在玩水枪、滴管、弹珠等创作工具的同时自由发挥创意，通过大胆表现、想象而成。

滴流方法简单，易操作，成型快，画面整体性强，适合各年龄段幼儿创作。幼儿可以运用水、多元宝盒——滴流工具盒（图一、图二）、排笔、水枪、塑料针筒、滴管、滚珠等各种工具在图画纸、纸皮等渗水性差的材质上作画。

颜料：水 =1:30。

图一　多元宝盒——滴流工具盒
图二　多元宝盒——滴流工具盒
　　　（废旧材料自制）

图一

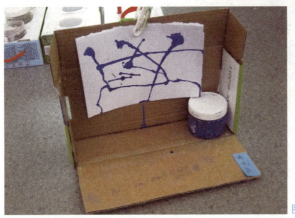

图二

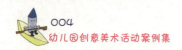
活动内容一：有趣的滴流（小·班）

🍌 活动目标

1. 尝试使用滴流方法有创意地表现作品。

2. 分享交流，感受小组合作创作的快乐。

🍌 活动准备

创作所需的工具（见图一）：

第一组：各色颜料、水枪、白布。

第二组：各色颜料、图画纸、滴流工具盒、塑料针筒。

第三组：各色颜料、卡纸、滴流工具盒、滴管。

图一

🍌 活动指导

1. 有趣的滴流现象

（1）教师将颜料滴在立着的图画纸上，引导幼儿观察颜料的流动，感受滴流的神奇。

（2）说一说：画面像什么？将图画纸变换方向，画面又会变成什么？

2. 幼儿自主创作

（1）幼儿自由选择塑料针筒、滴管或者水枪创作。

（2）将塑料针筒、滴管或者水枪吸入颜料，滴（喷）在画面上，让颜料流动，形成滴流效果。

（3）教师引导幼儿运用多种颜色或改变图画纸的方向混色滴流。

（4）同一支塑料针筒或者吸管不混色使用。注意保持自身以及画面的整洁。

（5）小组创作，根据需要选择剪贴画等辅助材料有创意地表现画面。

3. 分享交流

你是用什么材料创作出来的，像什么？

🍌 活动延伸

在美工区提供滴流工具盒，让幼儿继续创作。

作品赏析

作品一：小组创作《小船和大海》
（小二班　陈楦宜　阮葆妍　邱灏源等）
幼儿集体创作的作品。颜色和线条都很像大海，添加的小船剪影，使画面整体感强。用简单有趣的游戏方式让小班幼儿体验到做"小小艺术家"的感觉。

作品二：《下雨了》
（小二班　黄小雅）
幼儿使用不同颜色进行滴流，色彩搭配和谐，配上五彩斑斓的小伞，充满了意境。

作品三:《下雨》

(小二班　王语彤)

幼儿通过玩水枪喷画游戏创作的作品，线条自然流下，和作品二相比，色彩更为简单，整个画面充满了细雨中的静谧感。

作品四:《蜘蛛网》

(小二班　谭永富)

自由旋转画面形成的作品，色彩搭配和谐，充满艺术感。幼儿觉得很像纵横交错的蜘蛛网。原本简单的滴流画被幼儿赋予情境，变得独具特色。

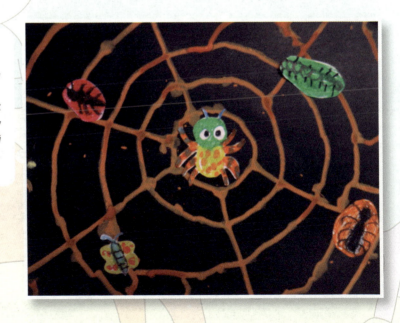

活动内容二：小小波洛克（中班）

🌙 活动目标

1. 欣赏艺术大师波洛克作品，感受其作品的线条美、色彩美。

2. 尝试用滴流的方法表现线条美。

3. 喜欢参与艺术创作活动。

🌙 活动准备

1. 艺术大师波洛克作品《第十八号》彩印制品（见图一）。

2. 音乐：《森林狂想曲》。

3. 创作所需的工具（见图二）：

第一组：各色颜料，滴流工具盒，图画纸，小滚珠，废旧鞋盒或者托盘，一次性手套。

第二组：各色颜料，滴流工具盒，图画纸，大滚珠，圆形大簸箕，一次性手套。

第三组：各色颜料，滴流工具盒，浅色布，大小不同的滚珠，一次性手套。

图一

图二

🍌 活动指导

1. 欣赏艺术大师波洛克作品《第十八号》（播放音乐《森林狂想曲》）

（1）欣赏作品的点、线自然挥洒呈现出来的线条美。

（2）观察作品，感受作品丰富的色彩美。

（3）说一说：你觉得这幅画看起来像什么？猜一猜它是怎么画出来的？

2. 幼儿分组创作

（1）幼儿自由选择材料创作。

（2）教师引导幼儿借助滚珠等辅助材料让颜料流动起来。

（3）通过双手转动底图或多人合作晃动，让颜料流动起来（见图三）。

（4）可选用多种颜色混色，注意保持自身及画面整洁。

3. 分享交流

你的作品是怎样创作出来的？和谁一起创作的？像什么？

🍌 活动延伸

在班级区角提供颜料、滚珠等材料，让幼儿在区域活动中继续创作、游戏。

图三：好玩的簸箕滴流画

作品赏析

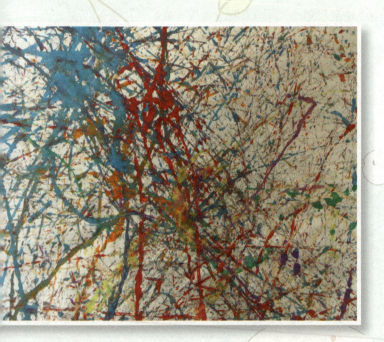

作品一：《放烟花》
（中二班　黄晨威）
这幅作品色彩丰富，线条自然流畅，是小朋友在鞋盒中玩滚珠游戏时形成的画面。

作品二：《小蚂蚁》
（中二班　林梓彤）
这幅作品和作品一相比，色彩和线条都比较简单，但是小作者想象力丰富，将画面大胆想象成一只正在觅食的蚂蚁，充满童趣。

作品三：《太空冒险》
（中二班　邱岩稀等）
这是小朋友在玩簸箕滚珠画时自然形成的作品，色彩丰富，线条流畅，充满想象空间。

作品四：《地图》
（中二班　王煜等）
这也是小朋友在玩簸箕滚珠画时形成的作品，幼儿在同伴合作中进行创作，既体验到艺术的美，又感受到游戏的快乐。

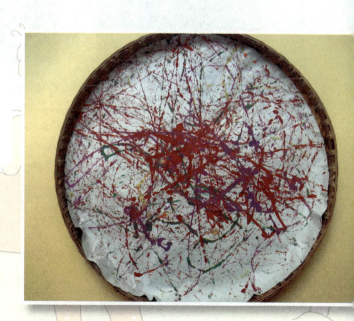

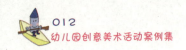
小小资料库　　　　　滴流方法介绍

1. 对画面进行基本构图。

2. 将作品夹在滴流工具盒上。

3. 将上色工具加入颜料，滴在图画纸或其他背景图上。

4. 可以通过变换图画纸的方向来调整颜料流动的方向，或者选择多种颜色进行重叠滴流，达到混色效果。

5. 根据需要添画作品。

擦印画

擦印是用油画棒对海绵进行着色，通过海绵与纸质摩擦表现出色彩朦胧感的一种创作方法。擦印也可以借助擦印板自由组合画面，体现不同风格的画面色彩和造型。

幼儿可以运用单层擦印、组合擦印、重叠擦印等不同的方法在纸、纸盘等易于油画棒着色的材质上进行大胆的表达，实现各种不同的创作。

擦印方法适合中大班幼儿，可以运用油画棒、海绵、不同形状的擦印板等工具以及"多元宝盒——擦印工具盒"（图一、图二）在废旧纸皮、纸盘等材料上进行创作。

🌱 图一　多元宝盒——擦印工具盒
🌱 图二　多元宝盒——擦印工具盒
　　　　（废旧材料自制）

图一

图二

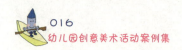
活动内容一：可爱的竹子（中班）

🌀 活动目标

1. 欣赏竹林，了解竹子的基本外形特征。

2. 尝试用重叠擦印、组合擦印的方法来表现竹子。

3. 体验擦印创作的乐趣。

🌀 活动准备

1. 音乐：《高山流水》。

2. 有关竹林、竹子的课件。

3. 创作所需的工具（见图一）：

第一组：竹干擦印板、竹叶擦印板、油画棒、海绵、擦印工具盒、纸盘。

第二组：竹干擦印板、竹叶擦印板、油画棒、海绵、擦印工具盒、废旧纸皮。

第三组：竹干擦印板、竹叶擦印板、油画棒、海绵、擦印工具盒、白纸。

图一

🌀 活动指导

1. 欣赏竹子（播放音乐《高山流水》）

（1）观察竹子枝干特点、竹叶的形状以及竹节的特征，欣赏竹子清逸俊秀的外形美。

（2）观察竹节和竹叶的色彩，感受不同深浅绿色和谐搭配的美。

（3）观察竹林，感受竹子与竹子之间交相辉映的美和遮挡关系。

2. 幼儿自主创作

（1）幼儿自由选择白纸、纸盘或者纸皮作画。

（2）在擦印的时候要先固定好擦印板，再用海绵进行上色。注意保持画面及自身的整洁。

（3）教师引导幼儿用重叠擦印、组合擦印竹干和竹叶，表现遮挡关系。

3. 交流分享

互相展示自己的作品，说说你是怎么创作的。

🌀 活动延伸

幼儿把自己的作品展示出来，布置出一片竹林。

作品赏析

作品三:《纸皮画 彩竹》
(中二班　庄恩琦)

作品在材料选用、色彩搭配以及画面构图上都做了大胆的创新。小朋友巧妙运用纸皮作画,且大胆选择了彩色来擦印竹叶,色彩鲜艳。重叠擦印的方法将竹子的遮挡关系处理较好。大熊猫的造型充满动感和情境感。

作品四:《可爱的竹林》
(中二班　刘芷妍)

作品画面比较单一,小朋友主要采用了简单的组合擦印的方法,缺少重叠擦印和遮挡关系的处理。在色彩的运用上较好,通过深绿、浅绿、黄绿等几种色彩自然表现出竹子的形态。

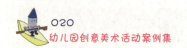
活动内容二：睡莲花开（大班）

🌀 活动目标

1. 欣赏水池里的睡莲，感受睡莲的造型美、色彩美。

2. 尝试运用重叠擦印、组合擦印等方法表现睡莲。

3. 体验自主创作的乐趣。

🌀 活动准备

1. 睡莲的图片。

2. 创作所需的工具（见图一）：

第一组：椭圆形擦印板、油画棒、海绵、擦印工具盒、纸盘。

第二组：椭圆形擦印板、油画棒、海绵、擦印工具盒、卡纸。

第三组：椭圆形擦印板、油画棒、海绵、擦印工具盒、图画纸。

图一

活动指导

1. 欣赏睡莲

（1）幼儿观察池塘里睡莲的外形，感受睡莲盛开时花瓣重叠交错的美丽姿态以及含苞待放时的优美造型。

（2）欣赏睡莲花朵和叶子的颜色，感受色彩自然过渡的柔美。

（3）观察睡莲的生长环境，感受睡莲亭亭玉立生长于水中的造型美。

2. 幼儿自主创作

（1）幼儿自由选择图画纸、纸盘或者卡纸作画。

（2）擦印的时候要先固定好擦印板，再用海绵进行着色。

（3）可以重叠擦印椭圆形纸模，通过花瓣的重叠和遮挡来表现睡莲的形态，将它变成含苞待放的睡莲或者是盛开的睡莲。

（4）用油画棒添画作品，表现画面情境。

3. 交流分享

说说自己的画面里有什么，是怎样创作出来的。

活动延伸

在美工区提供纸模和油画棒等擦印工具，让幼儿继续自由发挥创作。

作品赏析

作品一:《小池》
（大二班　陈睿泽）
作品色彩搭配协调，主题突出，富有意境美。幼儿借助简单的椭圆形擦印纸模形象地表现出睡莲绽放和含苞待放的外形特征，添画的蝌蚪充满童趣，画面比较完整。

作品二:《可爱睡莲》
（大二班　刘语彤）
作品通过海绵的擦印着色，巧妙地表现出睡莲花瓣色彩自然过渡的柔和感，有一种特别的美。

作品三:《睡莲盘》

（大二班　杜韵琪）

这幅作品擦印比较零散，教师巧妙引导
幼儿用漆画花茎的方法来表现睡莲的形
态，整幅作品呈现出国画的古典韵味，
特别是色彩上很有国画"墨韵"的感觉。

作品四:《睡莲真美》

（大二班　陈圣翰）

作品从侧面表现睡莲的姿态。小
朋友用油画棒混色的效果表现池
塘的水，画面立体感、层次感强，
独具创意和特色。

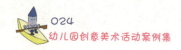

小小资料库　　　擦印方法介绍

1. 先整体构图。

2. 将油画棒均匀涂画在海绵上，用海绵直接在需要上色的部分反复摩擦即可。

3. 可借助擦印板完成擦印效果。

4. 可以重叠、组合擦印或者添画作品，表现和创造美。

 小 提 示

1. 擦印时注意保持擦印板的位置固定。

2. 选用多种颜色进行擦印时，注意选择不同的海绵进行着色，避免颜色混在一起。

3. 擦印板的制作：在较硬的纸或者底板中间画下简单的图案并沿边剪下，剩下的镂空板即是擦印板。镂空底板的边框不宜太窄，最少要3cm以上。由于幼儿手部力量有限，镂空图案不宜过大，中班擦印板中间图案直径大小约5cm，大班约8cm。

点彩画

点彩是运用圆点等不同笔触绘画，把物象分析成细碎的色彩斑块，用画笔点画在各种材质上的创作手法。这些斑斑点点，通过视觉作用达到自然结合，反映各种物象。各种斑驳的小色块，在一定距离观察时，自然柔和地混合在一起，产生了比直接用颜料混合而成的画面更明快、更艳丽的色彩。

点彩的方法简单，易操作，成型快，画面层次感强，适合各年龄段幼儿创作。幼儿可使用"多元宝盒——点彩工具盒"（图一、图二）进行油画棒点画或是使用排刷、棉签、手指等蘸上颜料在纸上作画，透过点的大小、形状、色彩、疏密的变化表现作品。

图一　多元宝盒——点彩工具盒
图二　多元宝盒——点彩工具盒
　　　（废旧材料自制）

图一

图二

活动内容一：爱心胸针（小·班）

活动目标

1. 尝试用点彩和粘贴的方法制作爱心胸针。

2. 体验在游戏情境中活动的乐趣。

活动准备

1. 课件：《美丽的花》。

2. 音乐：《小雨和花》。

3. 创作所需的工具（见图一）：心型纸、皱纹纸、棉签、颜料、胶水、点彩工具盒。

图一

🟣 活动指导

1.欣赏课件《美丽的花》，激发幼儿兴趣

（1）观察课件里各种颜色的花，感受花朵色彩美。

（2）说一说：你看到了哪些花？它们是什么颜色的？

2.游戏

幼儿跟着音乐在爱心花圃上玩种花的游戏。

3.幼儿自主创作

（1）点画的时候，分别蘸不同颜色的颜料混色点画。

（2）点画完要将笔头朝上插在技法盒里。

4.分享交流

（1）幼儿互相欣赏作品并说说自己最喜欢的爱心胸针。

（2）用爱心胸针创设爱心花圃，丰富班级的环境。

🟣 活动延伸

把爱心胸针送给爸爸或妈妈，表达对爸爸妈妈的爱。

作品赏析

作品一:《爱心胸针》
（小一班　邱雨樊）
幼儿大胆地使用多种冷、暖色的颜料点点画画，就像公园里盛开着五颜六色的层层叠叠的花朵，可以感受到小作者心中无比喜悦的情感。

作品二:《花朵胸针》
（小一班　陈星妍）
作品简单大方，虽然颜色较单一，但是反而更突显了胸针上的花朵，富有个性。

作品三:《可爱的胸针》

（小一班　颜约翰）

作品不仅大胆地运用冷色与暖色，作者还沿着爱心的周围进行点画装饰，可以看出下笔随意又不失规律性。

作品四:《美丽的蝴蝶胸针》

（小一班　黄诗涵）

这幅作品对比前三幅，色彩更协调、明快。幼儿大面积地使用蓝色点画，可以看出她对蓝颜色特别喜爱，又搭配上一个蓝色的蝴蝶结，更是把爱心胸针变得童趣十足。

活动内容二：孔雀开屏（中班）

活动目标

1. 感受孔雀羽毛的规律美。

2. 尝试运用点彩方法表现孔雀的美。

3. 体验点彩创作的乐趣。

活动准备

1. 有关孔雀的课件，让幼儿熟悉孔雀的基本形态。

2. 创作所需的工具（见图一）：排刷、孔雀纸膜、油画棒、颜料、棉签、点彩工具盒。

图一

💠 **活动指导**

1. 欣赏课件，感受孔雀的美

（1）故事导入：森林里有一场动物选美比赛，比比谁最美？动物们都说孔雀的羽毛最美，我们一起来看看它的羽毛美在哪里？

（2）发现孔雀羽毛的规律美。

2. 幼儿自主创作

（1）有规律地点画羽毛。

（2）运用多种颜色用排刷画色块。

（3）蘸适量的颜料，来回反复点彩。

3. 分享交流

你最喜欢哪只孔雀？为什么？

💠 **活动延伸**

将制作的孔雀创设成孔雀园，玩角色游戏。

作品赏析

作品一:《花孔雀》
(中一班　叶欣怡)
作品打破了人们印象中孔雀的色彩,运用红、黄等暖色渲染出孔雀的身体,孔雀身上的翎片更是直接使用黑色进行勾画,使画面中的颜色产生了强烈的对比,烘托出一只美丽耀眼的花孔雀。

作品二:《孔雀穿花衣》
(中一班　柯雯婷)
这幅作品巧妙地运用圆形海绵进行点画,并有规律地表现出孔雀的翎片,创作手法简易、独特,满足了幼儿充分表现孔雀羽毛特点的欲望。

作品三:《孔雀开屏》
(中一班　黄楷杰)

作品运用冷暖色的渲染方式作为背景,并用鲜艳的红色点画装饰,表现出一只花孔雀的形象特征,再加上黑色线条绘画的翎片和羽毛,画面色彩鲜艳,让欣赏者感受到了孩子的纯真。

作品四:《可爱的孔雀》
(中一班　杨逸航)

作品色彩装饰较为丰富,各种颜色的小圆点让画面显得更加饱满、生动。

活动内容三：树林（中班）

🌿 活动目标

1. 欣赏作品《山毛榉林》，尝试运用点彩的方法表现树林。

2. 感受不同颜色混和、叠加的美。

🌿 活动准备

1. 轻音乐。

2. 艺术大师克林姆作品《山毛榉林》彩印制品（见图一）。

3. 创作所需的工具（见图二、图三、图四、图五）：

图一

第一组：图画纸、颜料、排刷、点彩工具盒。

第二组：报纸、卡纸、颜料、排刷、棉签、抹布、点彩工具盒。

图二

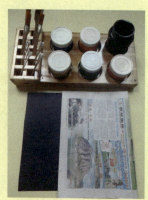

图三

第三组：纸盘、颜料、报纸、排刷、棉签、抹布、点彩工具盒。

第四组：蜡光纸、颜料、卡纸、棉签、抹布、点彩工具盒。

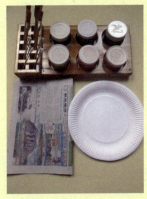
图四

图五

🐚 活动指导

1. 欣赏《山毛榉林》，激发幼儿兴趣

（1）感受色彩重叠、混合的美感。

（2）说一说：你看到了什么？有什么感受？

2. 幼儿分组创作

（1）教师引导幼儿运用点彩、绘画、撕贴等多种方法表现树林。

（2）用水粉色或水彩色来均匀涂底色。

（3）可以选择多种不同颜色或相近色（如不同深浅的绿色、黄色油画棒）进行点画，使得这些颜色的点混合叠加在一起，表现混色的美。

3. 分享交流

你觉得哪幅作品最美？美在哪里？

🐚 活动延伸

幼儿将作品拼贴在一起，组成一幅完整的树林图。

作品赏析

作品一:《美丽的红树林》
(中一班　郑颖菲)

幼儿利用废旧报纸揉搓制作树干和树枝,造型弯弯曲曲,各不相同。用手指点画出的叶子,疏密对比强烈,有层次感。白色的树干、黑色的背景和红色的叶子,也形成了强烈的对比。整幅画的空间透视感很强,看得出树木由远及近,充满了意境美感。

作品二:《秋天树真美》
(中一班　唐浩翔)

作品勾画出了各种不同形态、种类的树木,背景运用了红、黄、蓝三种颜色渲染,把天空、陆地的感觉表现得自然柔和,呈现出美丽的秋天景色。

作品三:《红红的树林》
（中一班　邱紫凌）

幼儿利用废旧的纸盘作为创作底板，显
得立体感强，加上报纸的层层叠加和各
种冷暖色的彩色点画形成的树叶，将红
树林的意境表现得淋漓尽致。

作品四:《秋天的树》
（中一班　邱诗琪）

幼儿将蜡光纸撕贴形成各具形
态的树，树干有粗有细，呈现
出近大远小的现实场景。用棉签
点画出的圆形树叶，让这幅森林
图的画面更加饱满、丰富、富有
层次感。

活动内容四：创意绘本《秋天的河景》（大班）

🎨 活动目标

1. 欣赏莫奈作品《秋天的河景》并大胆想象。

2. 运用点彩的方法自由创作。

3. 愿意与同伴交流创意作品。

🎨 活动准备

1. 莫奈作品《秋天的河景》彩印制品（见图一）。

2. 教学课件。

3. 创作所需的工具（见图二）：大绘本底板、蓝色卡纸、油画棒、排笔、颜料、盖印海绵、点彩工具盒等。

图一

图二

活动指导

1. 欣赏《秋天的河景》，激发幼儿大胆想象

（1）认识冷、暖对比色调，感受树林倒映在湖面上的意境美。

（2）说一说：看完以后你有什么感觉？美在哪里？

（3）将《秋天的河景》图片放在不同的位置，借助课件再次引发想象：把画放在图画纸的不同位置，可以变成什么？换个位置，它又会变成什么呢？

2. 幼儿分组创作

（1）把名画放在不同的位置大胆展开想象。

（2）将名画固定在画纸上，然后选择需要的工具进行创作。

（3）点彩的时候注意色彩的搭配和疏密结合。

3. 分享交流

哪幅作品最有创意？为什么？

活动延伸

将创作的作品制成创意绘本投放到语言区讲述。

作品赏析

作品一：《我的红帽子》
（大一班　吴凌薇）

这幅作品是一幅透过艺术大师的画来进行延伸创意的绘画。画面中红色的树林局部在幼儿的无限想象下变成了一个小朋友的红帽子。画面主题形象突出，仿佛是作者的自画像。

作品二：《七彩鱼》
（大一班　吴明远）

幼儿将名画转换了方向，发挥了他独特的想象力，把名画中的红树林变成了大鱼身体的一部分，大鱼的形象在画面中尤为凸显。旁边还添画了可爱的小鱼和白色的浪花，表现出奇幻的海底世界，使人产生无限的遐想。

作品三:《红树林》
（大一班　胡馨）

在这幅画中，小作者的独特创意把红树林的局部图延伸变成了一棵大的梧桐树，并添加了大小形态不同的树木，一幅秋天的森林图马上映入我们的眼帘。白色背景的大块运用，将森林中的梧桐树凸显出来，充满意境。

作品四:《厨房的菜刀》
（大一班　王宇涵）

幼儿独具匠心，结合了自己的生活经验，将画面变成了一把菜刀，菜刀旁边还有厨房的操作台，台上放着各种水果和锅碗，可见小作者的想象力丰富。

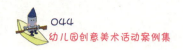
活动内容五：星空（大班）

活动目标

1. 欣赏名画《星空》，感受画面的动感美。

2. 运用点彩的方法表现星空。

3. 大胆讲述对星空的想象。

活动准备

1. 观察夜晚的星空，感知夜晚星星明亮是因为有天空衬托。

2. 梵高名画《星空》彩印制品（见图一）。

3. 创作所需的工具（见图二）：录音机、磁带、颜料、油画笔、调色盘、蓝色卡纸、点彩工具盒等。

图一   图二

活动指导

1. 欣赏名画《星空》，感受画面的动感美

（1）观察冷暖对比色在画面中所呈现出的亮丽跳跃的感觉以及短线条形成的漩涡表现出的画面动感美，感受夜晚星空的意境美。

（2）说一说：你看到了什么？你感觉到画面什么在动？

2. 幼儿自主创作

（1）用棉签或排刷点画出月亮、星星，表现出螺旋状的动感。

（2）运用冷暖色对比色进行创作。

（3）创作的时候注意保持自身和作品整洁。

3. 分享交流

（1）分享各自的创作。

（2）交流对星空的想象。

活动延伸

1. 美工区创作：《星空》延伸画。

2. 将星空作品创设成舞台背景，引导幼儿大胆想象并讲述和表演。

作品赏析

作品一：《旋转的龙卷风》
（大一班　邱楚祺）

作品大胆运用点和对比色表现对星空的想象，通过点的层层叠加，形成动感的星空效果。天空中白色和黄色的小圆点就像旋转着的龙卷风，也让人产生无限的想象。

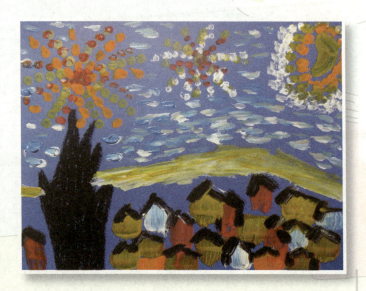

作品二：《绽放的烟花》
（大一班　王诗晴）

这幅作品在名画的基础上，结合了自己以往的生活经验，将夜空的云朵变成了夜晚绽放的烟花。画面中冷色与暖色的鲜明对比，给人带来强大的视觉冲击力。

作品三：《棉花糖云朵》

（大一班　周宸琪）

幼儿用了点画的层层叠加的方法
勾勒出了天空、房子和树木，一
条条短线组合在一起，让整个画
面颇具动感。天空中一团一团的
圆点仿佛一朵朵棉花糖，可以感
受到作者当时甜甜的内心情感。

作品四：《飞舞的萤火虫》

（大一班　陈品娜）

幼儿用简单有趣的点彩技法，
形成动感的星空效果，画面色
彩对比鲜明，画面效果明亮，
增强了作品的立体感和层次感。
幼儿大胆想象，把天空的云朵
想象成飞舞的萤火虫，可以看
出作者内心的自由欢快。

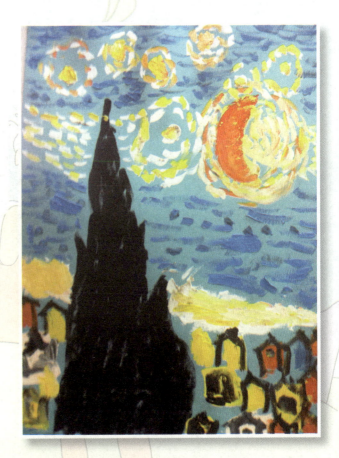

小小资料库　　　　点彩方法介绍

1. 整体构图。

2. 用水粉色或水彩色将作品均匀涂上底色。

3. 用棉签、手指、颜料或油画棒等工　　4. 完成图。
具结合自己喜欢的方式进行创作。

小 提 示

1. 创作的时候要注意色彩的搭配。

2. 点画时要注意点的疏密结合。

盖印画

盖印是使用各种盖印工具蘸上颜料后盖在纸上进行印画的创作方法。借助各种盖印工具或者盖印模板，幼儿可以简易、快速地表现和创造，满足幼儿勾勒复杂线条、形状的需要，用独特的方式去表现和创造美。

　　盖印方法适合各个年龄段幼儿，幼儿可以借助纸张、海绵盖印工具、废旧物（如：报纸球、瓶盖等）、自然物（如蔬菜、树叶等）以及"多元宝盒——盖印工具盒"（图一、图二）等进行单层盖印、重叠盖印、组合盖印。

　　颜料：水 = 5:1。

　　▲ 图一　多元宝盒——盖印工具盒
　　▮ 图二　多元宝盒——盖印工具盒
　　　　　　（废旧材料自制）

图一

图二

活动内容一：花瓶（小·班）

⭐ 活动目标

1. 学会欣赏生活中的艺术品，感受花瓶的造型美。

2. 尝试用盖印方法创作花瓶。

3. 体验美术创作的乐趣。

⭐ 活动准备

1. 在活动室里用实物花瓶和花布置出花店场景。

2. 音乐：《蝴蝶飞》。

3. 创作所需的工具（见图一）：

第一组：各色颜料和卡纸、剪好的花瓶图案、油画棒、浆糊、花朵盖印工具、圆点盖印工具、盖印工具盒。

第二组：各色颜料和卡纸、剪好的花瓶图案、油画棒、浆糊、凹板漏印模板、海绵刷或者排刷、盖印工具盒。

第三组：各色颜料和卡纸、剪好的花瓶图案、油画棒、浆糊、报纸、盖印工具盒等。

图一

⭐ **活动指导**

1. 参观花店，欣赏花瓶和花朵

（1）欣赏花朵的色彩搭配，感受花朵色彩美。

（2）观察花瓶的外形特点，感受不同花瓶的造型美。

（3）说一说：你们最喜欢哪个花瓶和花呢？它美在哪里？

2. 幼儿自主创作

（1）幼儿自由选择报纸、盖印、漏印等工具盖印花朵。

（2）选择花瓶和底板的时候，要注意颜色搭配。

（3）教师引导幼儿用盖印的方法装饰花瓶。

3. 分享交流

（1）分享各自创作的作品。

（2）说说自己最喜欢的一幅作品。为什么？

⭐ **活动延伸**

在美工区放置盖印工具盒及盖印工具，幼儿继续创作。

作品赏析

作品一：《花瓶》
（小四班　夏紫轩）

幼儿用不同形状的盖印工具自由组合盖印花朵，造型丰富、色彩搭配和谐。花瓶身也做了规律性地装饰盖印，但是装饰过多，整体留白不够。

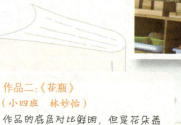

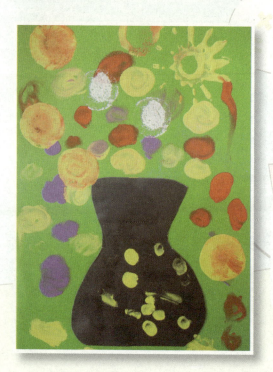

作品二：《花瓶》
（小四班　林妙怡）

作品的底色对比鲜明，但是花朵盖印得比较零散。老师可以适当引导幼儿将花朵"抱在一起"进行盖印，更好地表现画面整体感。

作品三:《花瓶》

（小四班　邱天勤）

幼儿通过简单重复的"盖"的手部动作，满足表现花的需求。幼儿有尝试重叠盖印，但是选择的盖印工具比较单一，色彩也比较简单。教师在指导过程中可以鼓励幼儿大胆选择不同的盖印工具进行创作。

⭐ **作品整体展示**

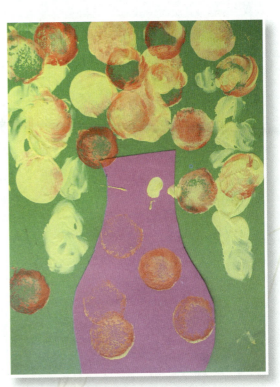

作品四:《花瓶》

（小四班　俞廷琨）

作品整体色彩搭配和谐，运用不同的盖印工具进行组合、重叠盖印，画面饱满，疏密结合，主题突出。教师可以鼓励幼儿自选方法装饰瓶身，将画面表现得更加完整。

活动内容二：神奇的魔镜（小·班）

⭐ **活动目标**

1. 尝试用盖印方法表现作品。

2. 乐于参与活动，体验创作乐趣。

⭐ **活动准备**

1. 音乐：《菊次郎的夏天》。

2. 创作所需的工具（见图一）：

第一组：油画棒、镜子、皱纹纸、海绵盖印、各色颜料、浆糊、光盘、盖印工具盒。

第二组：油画棒、镜子、皱纹纸、海绵盖印、各色颜料、浆糊、不同形状的卡纸纸模、盖印工具盒。

第三组：油画棒、镜子、皱纹纸、海绵盖印、各色颜料、浆糊、不同形状的透明板、盖印工具盒。

图一

⭐ **活动指导**

1. 玩照镜子游戏

（1）幼儿照哈哈镜、平面镜。

（2）说一说：你照了什么镜子？变成了什么样子？

2. 欣赏各种镜子

讨论交流：你最喜欢哪面镜子，它是什么样的？美吗？

3. 幼儿自主创作

（1）幼儿自由选择喜欢的材料和方法创作。

（2）教师引导幼儿有规律地盖印镜子边框，鼓励幼儿选择皱纹纸或者其他材料装饰镜子。

（3）创作的时候注意保持自身及画面整洁。

4. 分享交流

你喜欢哪面镜子？它是什么样子的？

⭐ **活动延伸**

在美工区放置盖印工具及盖印工具盒，幼儿继续创作。

作品赏析

作品一:《小鱼镜》

（小二班　潘令晞）

幼儿将镜子大胆想象成了小鱼，边框用短直线进行规律装饰，镜身运用橙、黄、白进行混色，盖印的圆形恰似鱼鳞，画面色彩丰富、搭配和谐。

作品二:《孔雀镜》

（小二班　庄伊韩）

幼儿巧用环保材料，大胆想象，将光盘当成镜面，兼具创意和童趣。幼儿用简单的盖印方法进行装饰，混色重叠盖印的方法使色彩自然过渡，画面整体感强。

作品三：《大嘴熊镜》

（小二班　林琳）

幼儿用简单的平涂使画面色彩饱满，规律地盖印将作品装饰得美观大方。作品整体造型可爱，富有童真。

作品四：《花花镜》

（小二班　刘子宁）

作品色彩丰富，幼儿能够尝试用有规律的圆点盖印装饰画面。用皱纹纸制作的蝴蝶结装饰品，让花花镜看起来更加可爱、立体。

活动内容三：梅花（中班）

⭐ 活动目标

1. 欣赏国画《红梅》，感受国画中梅花不畏严寒、坚韧不拔的精神。

2. 尝试用盖印、滴流的方法表现画面。

3. 喜欢参与艺术创作活动。

⭐ 活动准备

1. 带领幼儿欣赏梅花或者搜集梅花的相关资料。

2. 张大千国画《红梅》彩印制品（见图一）。

3. 创作所需的工具（见图二）：

第一组：颜料、排刷、吹画笔、白纸、花朵盖印工具、盖印工具盒。

第二组：颜料、排刷、滴管、白纸、花朵盖印工具、盖印工具盒。

第三组：颜料、排刷、黑色卡纸、白纸、浆糊、花朵盖印工具、盖印工具盒。

图一

图二

☆ **活动指导**

1.欣赏《红梅》，激发幼儿兴趣

（1）观察梅花的枝条造型，说一说：梅花的枝条像什么？

（2）观察梅花秀丽柔美的花朵与刚劲有力的枝干，感受画面的整体造型美。

（3）欣赏画面的色彩，观察色彩对比（黑色与红色），感受中国水墨画的色彩美感。

2.幼儿自主创作

（1）幼儿选择吹画、滴流或者撕贴的方法来表现梅花的枝条。吹画时在纸上先滴颜料，再用吹画笔或吸管等工具吹。

（2）在树枝上用盖印工具或手指盖印花朵。

（3）教师引导幼儿用组合盖印的方法盖印花朵，注意花朵疏密关系。

3.分享交流

你最喜欢哪幅画？为什么？

☆ **活动延伸**

幼儿将作品汇集，创设中国画长廊——梅花展。

作品赏析

作品一:《梅花盘》

(中四班　陈圣翰)

幼儿用滴流的方法在纸盘上创作梅花，独树一帜，很有创意。在色彩上选择了黄色和红色来表现梅花，很有特色。

作品二:《梅花开了》

(中四班　陈诺)

借助吹画工具表现出的梅花花枝苍劲有力，组合盖印的梅花栩栩如生，形象地表现出国画的古典韵味。幼儿在快乐的艺术体验中感受美、创造美。

作品三:《美丽的梅花》

(中二班　杜凌菲)

幼儿用组合盖印的方法表现梅花。虽然花朵造型比较单一，吹画和滴流的枝干造型也比较简单，但添画的绿色草丛富有情境感。

作品四：《点点梅花开》

（中二班 叶泓利）

作品边框用中国古典的
云雷纹装饰，非常有特
色。花枝造型多样，组
合盖印的花朵色彩丰富，
画面比较完整。

作品五：《长卷画梅花》

（中二班 陈浩天 柯芯菱 魏夕涵等）

这幅作品是小组合作而成。在创作过程中，小组通过协商共同完成。作品画面比较完整，充满了国
画的韵味。花朵用点画和盖印的方式结合，比较零散。教师在指导时可以引导幼儿用组合盖印法，
鼓励幼儿更好地表现画面。

活动内容四：插有雏菊和白头翁的花瓶（中班）

⭐ 活动目标

1. 欣赏作品《插有雏菊和白头翁的花瓶》，感受作品的色彩和造型美。

2. 尝试用组合盖印、重叠盖印的方法盖印花朵。

3. 体验自主创作的乐趣。

图一

⭐ 活动准备

1. 梵高画作《插有雏菊和白头翁的花瓶》彩印制品（见图一）。

2. 音乐:《花》

3. 创作所需的工具（见图二）：

第一组：花瓶漏印板、花朵盖印工具、圆形海绵、颜料、盖印工具盒、抹布、废旧鞋盒。

第二组：花瓶漏印板、花朵盖印工具、圆形海绵、颜料、盖印工具盒、抹布、纸盘。

第三组：花瓶漏印板、花朵盖印工具、圆形海绵、颜料、盖印工具盒、抹布、卡纸。

图二

⭐ 活动指导

1. 欣赏梵高作品《插有雏菊和白头翁的花瓶》

（1）观察作品冷暖色调的对比、搭配，感受色彩对比形成的空间感。

（2）观察画面中花朵的重叠，感受作品的立体感和层次感。

2. 幼儿自主创作

（1）幼儿自由选择在鞋盒、纸盘或者卡纸上作画。

（2）教师引导幼儿画花瓶或者盖印花瓶。盖印时注意保持自身及画面整洁。

（3）可以用漏印或者直接盖印的方式来组合盖印、重叠盖印花朵。

3. 分享交流

相互交流，说说自己最喜欢的花瓶，为什么？

⭐ 活动延伸

幼儿把作品展示出来，举办花瓶展览会。

作品赏析

作品一：《插花》
（中二班　邱鑫琳）

中班的作品和小班的比起来，可以看出中班幼儿能灵活运用组合盖印、重叠盖印等方法，增强了花的立体感，色彩搭配和谐，画面整体感更强。

作品二：《美丽的花瓶》
（中二班　胡文缤）

幼儿用盖印的方法表现花和花瓶，以单层盖印为主，花朵比较零散。因为幼儿很喜欢盖印带来的快乐，没有注意布局，留白不够，教师在指导时应注意提醒。

作品三：《插花》
（中二班　康嘉霖）

幼儿用盖印的方法表现花瓶，在色彩搭配以及画面布局上都有了进步。花朵造型丰富，疏密结合，冷暖色调搭配恰当，整体效果较好。

作品四：《花香》
（中二班　何奕珊）

作品整体色调和谐，用圆形和菊花形组合盖印而成的花朵，造型大方，画面富有层次和立体感。

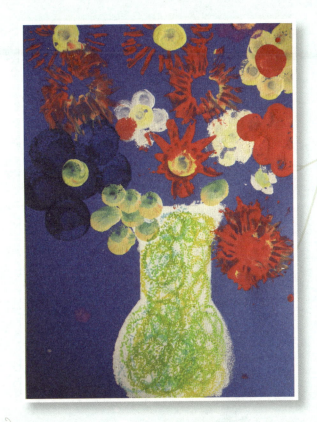

作品五：《纸盘花》
（中二班　詹梓棋）

作品是幼儿在纸盘上创作而成的。纸盘与花瓶的结合，富有创意和个性。重叠盖印的花朵遮挡关系处理较好，作品层次感强。

活动内容五：花园里（中班）

⭐ **活动目标**

1. 欣赏生活中的花朵，感受花朵的色彩和外形美。

2. 尝试用盖印的方法来表现画面。

3. 乐于与同伴合作，感受合作创作的乐趣。

⭐ **活动准备**

创作所需的工具（见图一）：各种形状盖印工具、颜料、排笔、棉签、盖印工具盒、深色卡纸等。

图一

⭐ **活动指导**

1. 去小花园欣赏花朵

（1）感受花朵色彩的丰富以及花朵的色彩与周围环境的协调搭配。

（2）观察花朵的外形，不同的花朵有不同形状、不同数量的花瓣。

（3）说一说：花园里除了有花朵，还有什么？

2. 幼儿分组创作

（1）小组讨论：用什么材料，创作什么？

（2）盖印的时候先将颜色均匀涂在海绵上，再轻轻按压进行着色。

（3）教师引导幼儿结合其他方法添画昆虫或者花朵，丰富画面。

3. 交流分享

每组选一个小朋友来介绍自己小组集体创作的作品。

⭐ **活动延伸**

在美工区放置盖印工具盒及盖印工具，让幼儿继续自由发挥创作。

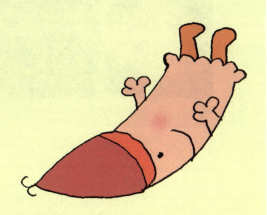

作品赏析

集体作品：《花园里》

（中二班　刘子宁　饶欣蕾　邱少彬　郭康宬　陈绮萱　胡凯恩）

这幅集体创作的作品色彩对比明显，构图合理，花朵和昆虫造型形象可爱，画面整体感强。盖印方法的使用帮助幼儿形象、快速地表现出花朵的外形特征。不同形状的盖印板以及多种形式的添画作品，满足了幼儿的表现欲望，丰富了幼儿创作的途径，也让幼儿接触到更多的艺术表达形式。活动开始时小组合作盖印作品画面比较单一、零散，老师适时引导幼儿添画、剪贴丰富作品，让画面"活起来"。

小小资料库   **盖印方法介绍**

1. 先完成画面的基本构图。将颜料均匀涂抹在海绵盖印材料上。

2. 将盖印模板固定在纸的上方（如果选择盖印工具，这步可以省略）。

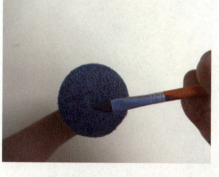

3. 将盖印工具轻轻地印在纸上，使工具上的颜料及形状呈现在画面上。

4. 可以重叠、组合盖印或者添画，表现和创造美。

 小 提 示

1. 不要用力挤压海绵类盖印工具，避免颜料溢出，无法成型。

2. 不要同时多次反复盖印在同一个地方，避免底图过湿，纸张破裂。

3. 盖印模板（也称漏印版）的制作：在卡纸（或者其他较硬的材质，如瓦楞纸、塑料板等）中间画下需要的图形并沿边剪下，剩下的镂空底板为盖印模板。盖印模板的边框不宜太窄，最少要 3cm 以上。

30度60度涂色

　　30度60度涂色即用油画棒或蘸颜料的排笔，与桌面成30度或60度夹角均匀地涂色，此方法适合小面积涂色。上色后的作品，色彩鲜艳、厚实。

　　30度60度涂色法适用于小中大班的幼儿，小朋友可以用彩色油画棒、排笔、水粉颜料等工具以及"多元宝盒——30度60度涂色工具盒"（图一、图二）在图画纸、纸盘、纸盒等不同材料上进行创作。

图一

　🚀 图一　多元宝盒——30度60度涂色工具盒
　🚀 图二　多元宝盒——30度60度涂色工具盒
　　　　（废旧材料自制）

图二

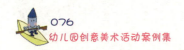
活动内容一：小蜗牛（小·班）

🌈 活动目标

1. 尝试用蜡笔 30 度 60 度涂色。

2. 积极参与活动，体验绘画的乐趣。

🌈 活动准备

创作所需的工具（见图一、图二、图三）：

第一组：蜗牛图、油画棒、炫彩笔、颜料、30 度 60 度涂色工具盒。

第二组：蜗牛身体纸膜、白纸、勾线笔、油画棒、炫彩笔、颜料、30 度 60 度涂色工具盒。

图一

图二

第三组：剪好的蜗牛身体、浆糊、白纸、勾线笔、油画棒、炫彩笔、颜料、30 度 60 度涂色工具盒。

图三

🌈 活动指导

1. 猜谜游戏

（1）猜谜语：没有脚，没有手，背上房子到处走，有谁把它碰一碰，赶紧躲进房里头。

（2）观察蜗牛图，了解蜗牛的外形特征。

（3）听故事《小蜗牛的衣服》，讨论：小蜗牛非常想要一件衣服，怎么办？你见过小朋友穿什么样式的衣服？

"一个春天的下午，阳光暖暖地照着大地，一只名字叫点点的蜗牛决定走出家门去拜访她的朋友们。就在准备出门的时候，她低头看了看自己身上的衣服，'哎呀，这件衣服也太旧了吧，可是我没有新衣服呀！'点点这样想到。她非常想要一件新衣服，怎么办呢？"

2. 幼儿分组创作

（1）幼儿自由选择材料创作。

（2）用油画棒或者炫彩笔涂蜗牛身体，涂色要均匀并注意色彩搭配。

（3）教师引导幼儿结合盖印等方法创作。

3. 欣赏交流

在草地上展示作品，说一说最喜欢哪只可爱的蜗牛。

🌈 活动延伸

在美工区放置30度60度涂色工具盒，让幼儿继续自由创作。

作品赏析

作品一:《小蜗牛回家》

（小二班　潘令晞）

幼儿选择现有的轮廓图涂色,
幼儿对色彩敏感,能运用不同
的颜色表征蜗牛的不同部位。
作品颜色搭配较协调,色彩表
现丰富,画面具有立体感和层
次感。

作品二:《蜗牛找朋友》

（小二班　陈圣翰）

幼儿下笔大胆,运用模具勾勒出
蜗牛的身体,并一气勾画出蜗牛
的螺旋"房子",生动可爱的小蜗
牛跃然纸上。不过幼儿在涂色时
耐心不够,涂色不均匀,在颜色
运用上也略显单调。

作品三:《晒太阳的蜗牛》

(小二班 王琦颂)

幼儿用蜗牛纸膜添画蜗牛的
"房子"。由于幼儿平时喜欢
画圆,因此在勾画"房子"
时线条简洁,一气呵成。幼
儿在涂色时虽然色彩运用较
单调,但是涂色均匀饱满,
运用点彩丰富画面背景,增
强了画面的美感。

作品四:《蜗牛去旅行》

(小二班 黄小雅)

幼儿用不同的色块表现蜗牛
的"房子",色彩鲜艳,增
强了画面的质感。一只背着
色彩斑斓的房子的小蜗牛快
乐地去旅行。结合简单有趣
的"点画"满足幼儿表现画
面的需求,幼儿创作的兴趣
浓厚。

活动内容二：小汽车（中班）

🌈 活动目标

1. 了解生活中常见的汽车。

2. 尝试用 30 度 60 度涂色法装饰汽车。

3. 乐于参与活动，体验游戏的乐趣。

🌈 活动准备

1. 参观汽车展，准备各种汽车玩具。

2. 创作所需的工具（见图一、图二、图三）：

第一组：木头汽车、排笔、颜料、30 度 60 度涂色工具盒。

第二组：牙膏盒、瓶盖、泡沫胶、排笔、颜料、30 度 60 度涂色工具盒。

图一

图二

第三组：卡纸、油画棒、30 度 60 度涂色工具盒。

图三

❋ 活动指导

1. 参观车展，情景激趣

说一说：你看到什么车？什么形状？有什么颜色？

2. 幼儿分组创作

（1）幼儿自由选择材料创作各种造型的汽车。

（2）装饰车身时注意色彩搭配。

3. 分享交流

展示作品，说说你最喜欢哪一幅作品，为什么？

❋ 活动延伸

游戏："汽车嘉年华"。设计一款最炫最酷的小汽车去参加"汽车嘉年华"。

作品赏析

作品一:《卡丁车》
(中三班 张涵宇)

幼儿选用汽车模型进行创作,能选择不同的颜料涂色装饰车身,搭配巧妙,造型可爱,实体感强。作品完成即成为手中的玩具,可玩性强,幼儿体验了创作的乐趣。

作品二:《宝马》
(中三班 温雅静)

幼儿迁移生活经验,采用卡纸巧妙地制作"宝马",绘画的图案丰富,点线结合,并用油画棒简单勾勒了车的边框,使得"宝马"车更加突出,有质感。运用色块装饰车轮,车轮有厚重感,增强了作品的立体感。

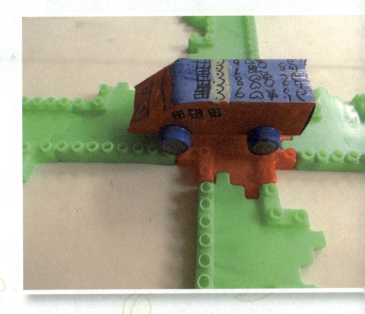

作品三:《公交车》

（中三班　宋旭祥）

幼儿选用牙膏盒、瓶盖等废旧材料制作"公交车"，用红色与蓝色搭配表现车身，色彩对比鲜明、生动、富有童趣，可玩性强。幼儿体验了创作的乐趣和游戏的喜悦。

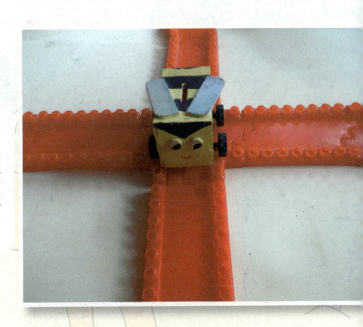

作品四:《小蜜蜂火车》

（中三班　张煜诚）

幼儿巧妙地利用汽车模型生动的造型，选择黄、黑色搭配表现出蜜蜂的特征，富有想象力。幼儿在涂色时专注认真，色块涂色均匀，点画的眼睛使汽车更加生动可爱，幼儿的空间想象力得到发展。

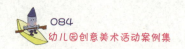
活动内容三：彩绘帽（中班）

活动目标

1. 欣赏彩绘作品，感受彩绘作品的色彩美。

2. 尝试用不同的工具彩绘帽子。

3. 体验创作的乐趣和成功的喜悦。

活动准备

1. 彩绘衫、彩绘陶器、各种帽子图片。

2. 创作所需的工具（见图一）：

第一组：丙烯颜料、排笔、帽子、30度60度涂色工具盒。

第二组：丙烯颜料、盖印工具、帽子、30度60度涂色工具盒。

第三组：丙烯颜料、棉签、帽子、30度60度涂色工具盒。

图一

🌈 **活动指导**

1.欣赏彩绘作品，感受彩绘美

（1）观察彩绘衫上的图案，感知彩绘图案的多样性。

（2）观察景德镇的各种彩绘陶器，感受彩绘陶器的色彩美。

（3）说一说：你喜欢哪个作品？美在哪里？

（4）教师引导幼儿讨论要用什么方法彩绘帽子。

2.幼儿自主创作

（1）幼儿自由选择工具彩绘帽子。

（2）根据需要选择30度60度涂色法涂色，注意颜色搭配。

（3）可选择多种颜色混彩。

3.彩绘帽T台秀

小选手们戴上自己彩绘的帽子随着音乐上台展示。

🌈 **活动延伸**

1.把作品放置在角色区玩买卖游戏。

2.把作品放置在表演剧场玩表演游戏。

作品赏析

作品一:《小花帽》
（中三班　邱子灵）
幼儿选用多种色彩混涂，不断重叠的色彩厚重饱满，增强了画面的饱满度，富有印象主义的绘画特点。幼儿在创作的时候大胆地想象点画，结合简单的盖印，几朵稚嫩的小花点缀了画面，幼儿获得成功的满足感。

作品二:《线条帽》
（中三班　蔡乐萱）
幼儿用冷暖色系搭配涂色，用白色颜料勾勒线条，色块分明，帽子显得大气。用线描画，增强了帽子的立体感和层次感。

作品三:《太阳帽》
(中三班 邱静雯)

幼儿较多选用红、黄、蓝三种颜色创作,色彩搭配完美,展现对称美,个性突出,富有艺术性。运用线描画装饰,图案丰富,变化多样,幼儿在创作中进一步感受生活中美的事物。

作品四:《孔雀帽》
(中三班 郭泽凯)

幼儿对作品的形状进行大胆想象,运用红、黄、蓝三种颜色搭配横涂,下笔大胆,选用绿色稍作点缀,色彩鲜艳。丰富的线描画使得作品更加生动,活灵活现地展示了"孔雀开屏"。

活动内容四：我会变（大班）

🌈 活动目标

1. 尝试用多种材料创作不同动态的人。

2. 用涂色、渲染等多种方法表现人物。

3. 体验"变"的神奇，感受玩的快乐。

🌈 活动准备

1. 带领幼儿玩翻翻板以获得经验。

2. 音乐：《我会变》。

3. 创作所需的工具（见图一）：

第一组：木片、勾线笔、颜料、排刷、30度60度涂色工具盒。

第二组：白纸、勾线笔、油画棒、颜料、剪刀、30度60度涂色工具盒。

第三组：卡纸、勾线笔、油画棒、剪刀、30度60度涂色工具盒。

图一

活动指导

1.律动：我会变

（1）幼儿随音乐做出各种造型，教师随机拍下幼儿动态。

（2）幼儿欣赏同伴的不同动态造型。

2.变魔术：百变小人

教师翻动小人变出不同的笑脸和衣服并提问：你们看到小人怎么变？（翻翻板上的小人在不断上下滚动；小书中的人一会儿变男孩，一会儿变女孩，一会儿穿衣服，一会儿穿裙子；纸片小人一会儿蹲，一会儿站，一会儿弯腰，一会儿举手……）

3.幼儿分组创作

（1）幼儿自由选择材料创作。

（2）三块木片正反面都分别画小人的头、身体、腿。

（3）用对称方法剪出纸片小人的头、身体、手和脚，变出各种动态。

（4）制作左右、上下各三等分的小书，画出三个不同的小人，剪开身体部位让小人可动。

活动延伸

玩游戏：小人变变变

（1）纸片小人

（2）小书

①

②

③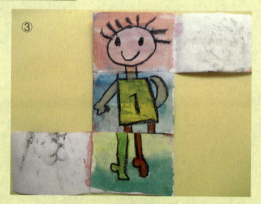

（3）翻翻板

①

②

③

作品赏析

作品一:《武术老师》
（大三班　彭子钰）

幼儿选择对称剪的方法创作，人物造型精炼，特征明显，神情、动作生动。幼儿选用冷色系在蓝色卡纸上涂色，颜色不够突出。由于幼儿耐心不够，给小人的裤子涂色不均匀、不饱满。

作品二:《跳舞的妈妈》
（大三班　颜莉）

幼儿用对称剪的方法进行创作，人物表情生动，妈妈的卷发特征明显。幼儿能根据底色选择不同的颜色进行涂色，上色均匀，颜色协调，用小圆圈等不同图形装饰服饰，展现了对称美，作品个性突出。

作品三:《我的好朋友》
（大三班　谢明轩）

幼儿借助翻板创作出小人，运用红、黄、蓝三色构图，巧妙地运用翻板，使作品实现了由静到动的变化。作品表情变化丰富，呈现千姿百态的百变小人，趣味性强。此作品发展了幼儿的逻辑思维，满足创意制作玩具的需求。

作品四:《我自己》
（大三班　黄煜欣）

幼儿借助纸创作出小人，运用色块装饰衣服，颜色搭配协调，涂色厚重饱满，作品的立体感强。幼儿用淡彩渲染及手指点画丰富背景，使得人物更加凸显，也增强了作品的美感。幼儿巧妙地运用剪翻的方式，使作品呈现不同形态的小人，趣味性强，体验了制作玩具的快乐。

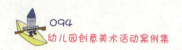

活动内容五：有趣的脸谱（大班）

🌈 活动目标

1. 欣赏脸谱，感受传统民间艺术的美。

2. 用 30 度 60 度涂色法创作夸张的脸谱。

3. 体验舞会的乐趣。

🌈 活动准备

1. "变脸"视频。

2. 创作所需的工具（见图一）：油画棒、砂纸、30 度 60 度涂色工具盒。

图一

活动指导

1. 观看"变脸"视频

交流讨论："变脸"是我国哪里的传统艺术？你有什么感受？

2. 观察各种脸谱

（1）观察各种颜色的脸谱，感受脸谱的色彩美。

（2）观察脸谱的各种表情，感知脸谱的不同特色。

（3）交流讨论：这些脸谱有什么特点？

3. 想象创作

（1）画一个夸张的脸谱（大笑、做鬼脸、愤怒、吃惊）。

（2）根据需要，用线条或色块大胆表现脸谱。

（3）在砂纸上创作时注意色彩搭配，灵活运用对比色和相近色。

活动延伸

把作品放置到表演区玩"变脸"游戏。

作品赏析

幼儿在砂纸上作画，构图饱满，色彩明亮，线条极有张力，用红色、绿色搭配表现人物，涂色均匀饱满，表情刻画生动形象，但向外扩散的色块选用相近色比较多，不太凸显。

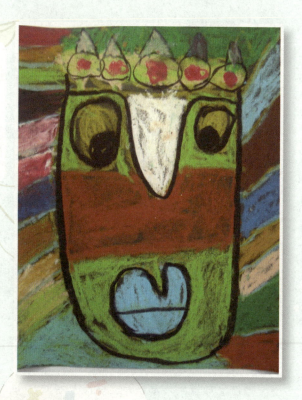

作品二：《外星人》
（大三班 杨以萱）

幼儿将传统民间艺术大胆创新，用30度60度涂色法将色块、线条夸张表现，画面丰富饱满，富有特色。

作品三:《我的妈妈》

（大三班　胡心怡）

幼儿用蓝色和绿色作为主色调在砂纸上作画，画面明亮，主题突出。用红色涂色鼻子和嘴巴，与绿色的脸蛋对比鲜明，人物的立体感强。

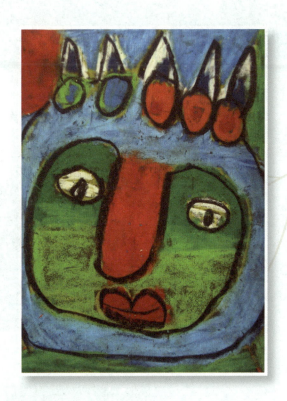

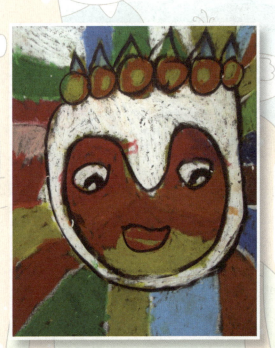

作品四:《我的老师》

（大三班　黄俊豪）

幼儿用色大胆，恰到好处地运用白色凸显了画面，构图饱满，线条极有张力，表情生动，富有童趣。外围色块涂色均匀饱满，色彩搭配协调。

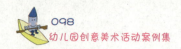
小小资料库　　30度60度涂色法介绍

1.选择一根油画棒，手握油画棒的角度与桌面成30度或60度的夹角。

2.在相应的区域均匀涂色。

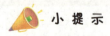 小 提 示

　　30度的涂色方法要根据幼儿的年龄特点和对画笔的使用熟练程度来选择是否采用，而60度握笔是常用的握笔姿势。30度60度这种涂色方法不仅可以用在油画棒涂色上，还可以用在多彩的颜料涂色和多彩刮画中。

90度圈涂

　　90 度圈涂是通过手握一根或多根捆绑的油画棒，与纸成 90 度夹角，划圆圈式涂色的方法。多种不同色彩的线条交错缠绕在一起，产生线条和色彩交融，能呈现多样的动感，丰富幼儿创作的表达方式，增强幼儿创作的欲望。幼儿运用蜡笔、颜料等绘画工具在玻璃、卡纸、塑料薄膜等不同介质上自由圈涂，促进幼儿的空间智能发展。

　　这种涂色方式简单、有趣、快速，适用于小中大班的幼儿。小朋友可以运用油画棒、排笔、颜料、炫彩笔等工具以及"多元宝盒——圈涂工具盒"（图一、图二）在图画纸、玻璃、塑料薄膜、石头等不同介质上进行创作。

图一　多元宝盒——圈涂工具盒
图二　多元宝盒——圈涂工具盒
　　　（废旧材料自制）

图一

图二

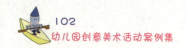

活动内容一：可爱的小卷毛（小班）

活动目标

1. 认识生活中卷毛的小动物。

2. 尝试运用混色圈涂的方法夸张表现动物身上的皮毛。

3. 大胆创作，体验圈涂的乐趣。

活动准备

1. 课件：《卷毛的小动物》《动物美容院》。

2. KT板制作的绘本展示大书每组一本。

3. 动物身体的盖印工具、浆糊、小纸盘、各种小花图案的贴纸等。

4. 创作所需的工具（见图一、图二）：

第一组：已经画好狮子、狗、孔雀的头的图画纸张，圈涂工具盒、油画棒。

第二组：绵羊的头、脚、身体素材、油画棒、圈涂工具盒。

图一　　　　　　　　　　　　　　　　图二

活动指导

1. 欣赏造型可爱的动物，感受卷毛的特点

（1）欣赏课件《卷毛的小动物》，了解生活中卷毛的动物。说一说：你看到了哪些小动物？它身上的毛是什么样的？

（2）欣赏课件《动物美容院》，观察动物的卷毛和变化，感受各种动物千奇百怪的卷毛的造型美和色彩美。说一说：孔雀的羽毛发生了什么变化？还有什么动物的皮毛发生了变化？

2. 幼儿分组创作

（1）幼儿自由选择材料运用添画、拼贴的方式来创作小动物。

（2）在动物的身体、头或羽毛上圈涂，夸张表现卷毛。

（3）教师鼓励幼儿用多种颜色混色圈涂。

3. 分享交流

你喜欢哪只小动物？为什么？

活动延伸

集体创作绘本《可爱的小卷毛》，并将绘本投放到语言区自由讲述。

作品赏析

作品一：《可爱的贵宾狗》

（小三班　邱箐轩）

幼儿运用粘贴、90度圈涂添画的方式快速地绘画出贵宾狗的身体，形象地表现出动物绒毛的质感和动感，很好地表达出幼儿对生活中贵宾狗的认识。

作品二：《卷毛小狮子》

（小二班　谭永富）

幼儿用圈涂的技法夸张地表现狮子的鬃毛，这种夸张的表现手法不仅是幼儿再现自己对动物的认识，也是幼儿想象创作的一种方法，整幅作品富有童真、童趣。

作品三：《喜羊羊》

（小二班　王琦颂）

幼儿结合自己的生活经验，运用添画、自由拼贴的方式创作动态各异、造型生动的绵羊。幼儿用黄绿色的刮画背景把两只可爱的"喜羊羊"烘托得更加生动可爱。

作品四：《蓝孔雀》

（小三班　芦诗圆）

幼儿用90度的圈涂技法让紫色和蓝色两种不同色彩的线条交错缠绕在一起，产生一种交融的美感。

活动内容二：树林（中班）

🦔 活动目标

1. 尝试运用混色圈涂方法来表现树冠。

2. 欣赏艺术大师画作，感受艺术作品的美。

🦔 活动准备

1. 克林姆大师作品《生命树》彩印制品（见图一）。

2. 创作所需的工具（见图二）：

第一组：油画棒（黑色、黄红色、绿黄白色）、纸盘、圈涂工具盒。

第二组：油画棒（黄绿色、蓝绿色、红黄色、蓝白色）、图画纸、咖啡色蜡光纸、浆糊、圈涂工具盒。

图一

图二

🌻 活动指导

1. 欣赏、感受树的造型和色彩

（1）参观植物园，引导幼儿观察各种造型的树冠和各种颜色的树叶，感受树的多样造型和色彩。

说一说：你在植物园里看到了什么树？树冠像什么？树叶是什么颜色的？

（2）欣赏克林姆作品《生命树》，感受树的线条和色彩美。

说一说：《生命树》中，树的线条是什么样的？运用了什么颜色？看上去感觉怎么样？

（3）交流讨论：你想用什么方式来表现树冠？用什么材料来创作？

2. 幼儿分组创作

（1）幼儿选择不同材料圈涂各种树冠。

（2）混色圈涂时注意颜色协调。

（3）教师引导幼儿用各种材料表现树干。

（4）教师引导幼儿用添画、盖印等方法来制作作品边框。

3. 展示与分享

幼儿相互展示、交流自己的作品。

🌻 延伸活动：

在区域活动中运用各种美工方法，如：手掌盖印树、折剪贴树、浓彩点画树、吹画添画树等创作各种各样的树。

作品赏析

作品一:《春天的树林》
（中三班　杨芷歆）

幼儿作画时圈涂较随意，采用了红、黄、绿三种颜色随意圈涂树冠，使得三种颜色交错缠绕在一起呈现出春天树叶的色彩。

作品二:《糖果树》
（中三班　黄钰涵）

幼儿巧妙地采用了90度圈涂技法画树冠，笔法自由，画面形象丰富，圈涂将多种颜色的线条交杂在一起形成自然的色彩美感，呈现一片茂密的糖果树林。

作品三:《红树林》
（中三班　陈彩榕）

幼儿在绘画的时候心思比较细腻，脑中已经有初步的构图，在圈涂的时候很有条理。树呈现出近大远小的透视效果。幼儿在砂纸上作画，把红、黄、橙三个颜色衬托得更加艳丽。

作品四:《春天的生命树》
（中三班　陈妍如）

这幅作品幼儿采用颜料进行90度圈涂。虽然色彩、线条都比较简单，但是很好地表达出幼儿借鉴大师的作品再创造。纸盘背景的色彩与颜料的色彩彼此和谐，增添了整幅作品的美感。

活动内容三：妈妈的头发（大班）

活动目标

1. 尝试运用混色圈涂的方法表现妈妈的头发。

2. 用不同的方式表达对妈妈的爱。

活动准备

1. 制作关于各种时尚卷发发型的课件。

2. 音乐：《我的好妈妈》。

3. 创作所需的工具（见图一）：

第一组：白纸或卡纸、勾线笔、圈涂工具盒、油画棒（单支和皮筋绑住的多支油画棒）。

第二组：塑料薄膜、浓彩颜料、排笔、圈涂工具盒。

第三组：玻璃、浓彩颜料、排笔、圈涂工具盒。

图一

活动指导

1. 谈话交流: 妈妈的爱

（1）播放音乐《我的好妈妈》，体会妈妈对孩子的爱。

（2）讨论: 妈妈是怎么爱我们? 怎么照顾我们，我们要怎么爱妈妈?

2. 欣赏卷发美

（1）观看课件，欣赏各种卷发造型，感受各种卷发线条美。

（2）观察课件中的各种卷发造型，说说各种卷发造型的线条，感受不同造型的美。

3. 幼儿自主创作

（1）幼儿自由选择材料在纸、薄膜或是玻璃上画出妈妈的脸，用圈涂法画卷发。

（2）用单色或多色油画棒圈涂，教师引导幼儿用蝴蝶结、皇冠等装饰头发。

（3）在薄膜和玻璃上作画时注意颜料不宜太稀。

4. 分享交流

与同伴分享交流给妈妈设计的新发型。

延伸活动:

把作品送给妈妈，表达对妈妈的爱。

作品赏析

作品一:《我的妈妈》
（大三班　杨以萱）

幼儿在纸上用90度圈涂法表现妈妈的长卷发，飘逸、动感，画面创作极富想象力，造型可爱、线条稚拙，充满童趣，富有个性。

作品二:《妈妈的卷发》
（大三班　王一宸）

幼儿把生活中自己喜欢的美发造型想象成帮妈妈设计的发型。画中的妈妈像小女孩一样活泼可爱。自由的圈涂方式使得妈妈的卷发更生动活泼。

作品三：《妈妈新发型》
（大三班　杜妤臻）

幼儿结合自己的生活经验用90度圈涂的方式给自己的妈妈设计了两根辫子的卷发造型。黑白色块的胶卷背景像是给妈妈的新发型拍了一张照片。作品活泼可爱，富有童趣。

作品四：《我打扮妈妈》
（大三班　李诗恩）

这幅作品通过打扮妈妈来表达幼儿对妈妈的一份爱。幼儿大胆地用泼彩颜料在薄膜上圈涂，把妈妈的直发变成大波浪卷发，作品富有个性及创意。

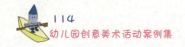
小小资料库　　　**90 度圈涂方法介绍**

1. 手拿捆绑好的油画棒立在纸上与纸成 90 度夹角。

2. 在纸张上划圈圈涂画。

3. 根据需要任意添画。

🔊 **小 提 示**

　　依据小班幼儿的年龄特点，教师根据画面需要提供捆绑好的相近色、对比色的油画棒，中大班幼儿可以自由选择颜色捆绑。

180度平涂

　　180度平涂是用油画棒大面积涂色的最好办法，采用竖涂、横涂、混色涂等手法帮助幼儿在短时间内完成大面积涂色，使幼儿获得成就感。

　　这种涂色方法适用于小中大班的幼儿，小朋友可以用剥掉外包装纸的油画棒以及"多元宝盒——180度平涂工具盒"（图一、图二）在图画纸、纸盘、纸盒等不同介质上进行创作。

图一

图一　多元宝盒——180度平涂工具盒
图二　多元宝盒——180度平涂工具盒（废旧材料自制）

图二

活动内容一：水果舞会（小·班）

 活动目标

1. 会用油画棒 180 度涂色，感受色彩美。

2. 体验动手操作及参与游戏的乐趣。

 活动准备

1. 各种水果图。

2. 创作所需的工具（见图一）：

第一组：纸盘、油画棒、夹子、180 度平涂工具盒。

第二组：水果图、油画棒、180 度平涂工具盒。

第三组：瓦楞纸、油画棒、180 度平涂工具盒。

图一

活动指导

1. 游戏：水果找家

自由选择喜欢的水果图片玩水果找家的游戏（见图二）。游戏规则：根据水果的颜色找相同颜色的格子。

图二

2. 幼儿分组创作

（1）用180度平涂法在水果轮廓内涂色。

（2）幼儿选择喜欢的颜色涂色，教师引导幼儿选择多种颜色混涂。

（3）教师鼓励幼儿制作多种水果。

3. 交流分享

你制作了什么水果？用了哪些颜色涂色？美吗？

活动延伸

幼儿将作品放置到角色区玩"水果超市"的游戏。

作品赏析

作品一:《我喜欢的水果》
(小二班 杨曼睿 张心妍)
幼儿采用 180 度平涂的方法
快速呈现画面。黑色的嘴巴
凸显了水果:红红的柿子、
可爱的草莓……其中瓦楞纸
创作的草莓有肌理,质感强。
幼儿体验了创作的成功感,
增强了自信心。

作品二:《甜甜的西瓜》
(小三班 李芷萱)
幼儿运用深绿和浅绿两种
相近色表现西瓜的颜色,
用色大胆,涂色均匀饱
满。圆滚滚的西瓜在紫色
的嘴巴里煞是可爱。180
度平涂的握笔姿势,符合
小班幼儿的小手肌肉发展
特点。

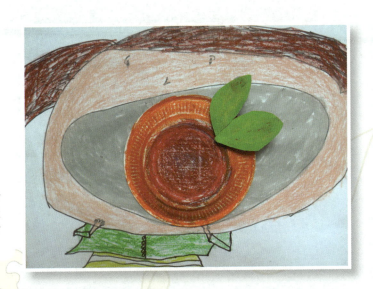

作品三：《好吃的苹果》
（小三班　芦诗圆）

幼儿利用环保材料，采用180度平涂法快速地将纸盘变成一个大苹果，贴上树叶后更凸显苹果形象。

作品四：《苹果我最爱》
（小二班　邱玉钦）

幼儿选用红色油画棒均匀地平涂苹果，色彩鲜艳诱人。混色平涂的苹果用色大胆，突破思维模式。大大的嘴巴噻着两个大苹果，生动地体现了孩子的心思——苹果我最爱。

活动内容二：有趣的纸杯（中班）

活动目标

1. 会用 180 度平涂法装饰纸杯。

2. 大胆想象，体验创作的乐趣。

活动准备

创作所需的工具(见图一)：纸杯、剪刀、油画棒、勾线笔、180 度平涂工具盒。

图一

活动指导

1. 交流讨论

纸杯有什么用途？纸杯可以变成什么？

2. 想象创作

（1）大胆想象剪纸杯（注意安全使用剪刀）。

（2）在剪好的纸杯上平涂颜色，教师引导幼儿用几种颜色混涂。

（3）根据需要在纸杯上添画各种图案。

3. 分享交流

幼儿大胆交流：我把纸杯变成了……

活动延伸

在美工区放置180度平涂工具盒等材料，让幼儿继续创作。

作品赏析

作品一:《狮子》
(中四班　杜凌菲)
幼儿选用两个纸杯巧妙地制作狮子，一个纸杯做成狮子头，一个纸杯做成狮子的身体，再运用添画和平涂法创作调皮可爱的狮子，结合简单的盖印工具丰富森林背景，橙、黄两色混色涂成的狮子在森林中栩栩如生。

作品二:《菊花》
(中四班　邱天勤)
幼儿用生活中随处可见的废旧纸杯创作出美丽的菊花，运用混色平涂的方法装饰花朵，用勾线笔让花瓣自然弯曲，呈现的花朵形象逼真。

作品三:《我生气了》
（中四班 柯芯菱）
幼儿大胆创作自己的心情故事,普通的纸杯在幼儿的小手下变出有趣的造型。幼儿用冷色系表现哭泣的小人,色调搭配和谐,表情形象生动。

作品四:《赏花》
（中四班 邱颖伦）
幼儿把纸杯对称剪出小人的四肢,用灰色平涂创作小人的卷发,用勾线笔简单勾勒出笑眯眯的脸蛋,呈现出小人观赏花朵的生动形态。幼儿在创作中发展了空间思维,体验变废为宝的乐趣,树立了环保意识。

活动内容三：冬天的树（中班）

活动目标

1. 欣赏冬天的景象，感受大自然的美。

2. 会用平涂的手法表现冬天的树。

活动准备

1. 冬天的森林图片及视频《冬天的树》。

2. 创作所需的工具（见图一）：

第一组：白纸、油画棒（白色、蓝色、黑色）、棉签、白色颜料、180 度平涂工具盒。

第二组：白纸、油画棒（白色、蓝色）、报纸、浆糊、棉签、白色颜料、180 度平涂工具盒。

第三组：白纸、油画棒（白色、蓝色）、卡纸、剪刀、浆糊、棉签、白色颜料、180 度平涂工具盒。

图一

活动指导

1. 欣赏图片和视频，感受大自然冬天的美

（1）欣赏冬天的森林图片，交流：这是什么季节？图片上有什么？你有什么感受？

（2）欣赏《冬天的树》视频，了解冬天时树的形态特征。讨论：冬天的树是什么颜色？

2. 幼儿分组创作

（1）用白色和蓝色的油画棒平涂表现冬天的颜色，白色的可以多涂一点，凸显冬天的色彩。

（2）可以选择各种方法（撕贴、剪贴、绘画等）表现树。

（3）构图要注意树的疏密，有粗细、高矮、形状不同的树。

（4）用棉签蘸白色颜料点画雪花时，颜料要适宜。

3. 分享交流

幼儿将作品布置成一个梦幻的森林，相互欣赏交流作品。

活动延伸

在美工区放置180度平涂工具盒等材料，让幼儿继续创作。

作品赏析

作品一:《森林》
（中三班　范馨莹）
幼儿用蓝、白两色混色平涂，凸显了冬天的景象。选用褐色蜡光纸撕贴出形态各异的树干，一览无遗地表现出冬天的刺骨寒风，画面形象生动。

作品二:《圣诞树》
（中三班　郭妍）
幼儿选用剪贴的方法"栽种"圣诞树。用蓝、白两色混色平涂快速呈现冬天的景象，手指点画的雪花使得冬天的景象更加生动。用黑色油画棒寥寥数笔画出脚印，增强了画面的层次感和立体感。

作品三:《茂密的森林》
（中三班　陈陶冉）

幼儿选用报纸剪贴了层层叠叠的茂密树林。报纸的颜色与蓝白的背景色相融，更加凸显出冬天的寒冷。利用废旧报纸创作，丰富了幼儿创作的材料，激发其创作欲望和成就感。

作品四:《下雪啦》
（中三班　郑博宸）

幼儿运用蓝色、白色两种颜色混涂出冬天的色彩，用油画棒勾画出摆动的树枝，让人感觉到冬天的寒冷。飘洒的雪花纷纷扬扬，好一幅美丽的雪景图。

180度平涂方法介绍

1. 将油画棒平放在纸张上。

2. 在相应的区域进行平涂。

3. 可以选用多种颜色混涂。先涂一种颜色后，再在上面涂别的颜色，呈现混色美。

4. 根据需要添画作品。

 小 提 示

180度涂色方法可以选用一种颜色平涂，也可以选用多种颜色混涂。

渲染画

渲染是通过水与色彩的自然交融，产生丰富的色韵变化，呈现色彩柔美、渐变、混色的画面的一种绘画方式。色彩迅速变化产生的神奇效果，激发了幼儿的无限想象，增强了幼儿创作的欲望。幼儿运用水枪、喷壶等喷水玩具让颜料在纸巾、布、宣纸等吸水性强、渗透迅速的材料上自然创意渲染，在游戏中创造。

这种玩色方式简单有趣，适用于中大班的幼儿。小朋友可以运用水、排笔、报纸球、海绵刷、牙刷、水枪、喷壶等工具以及"多元宝盒——渲染工具盒"（见图一、图二）在图画纸、面巾纸、布等不同介质上进行创作。

淡彩颜料:水＝20:1。浓彩则颜料不加水。

🚀 图一　多元宝盒——渲染工具盒
🚀 图二　多元宝盒——渲染工具盒
　　　　（废旧材料自制）
🚀 图三　保罗·克利《甘苦之岛》
　　　　淡彩渲染
🚀 图四　保罗·克利《帕纳塞斯神
　　　　坛》浓彩渲染

图一

图三

图二

图四

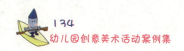
活动内容一：我是小·米罗（中班）

活动目标

1. 欣赏艺术大师的作品《外星人》，感受渲染的色彩美。

2. 尝试用渲染和线描的方法创作。

3. 大胆想象，自由创作。

活动准备

1. 课件《神奇的太空之旅》。

2. 艺术大师米罗作品《外星人》彩印制品（见图一）。

3. 创作所需的工具（见图二）：淡彩颜料、清水、油画棒、海绵刷、图画纸、渲染工具盒。

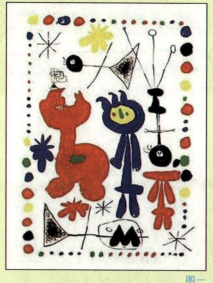

图一

图二

活动指导

1. 欣赏作品《外星人》

（1）教师引导幼儿观察画中的图案、色彩，大胆表达对作品的感受。说一说：在这幅画中你看到了什么？像什么？

（2）交流：你在这幅图上除了看到许多不一样的图案，还看到了什么？感觉怎么样？

（3）观看动画课件《神奇的太空之旅》，感受跳动的元素，激发幼儿大胆想象。想一想，太空里还有什么？

2. 幼儿分组创作

（1）大胆想象，创作各种造型。

（2）选择淡彩颜料渲染画面。

（3）选择喜欢的绘画方式，如蜡笔添画、淡彩渲染画等创作。

3. 分享交流

与同伴分享交流自己的创作并取一个好听的名字。

活动延伸

1. 幼儿将创作的作品制作成阅读绘本，在语言区里与同伴一起创编故事"神奇的太空"。

2. 进行"我们都是外星人"的游戏。

作品赏析

作品一:《太空人》
（中四班　庄诗涵）

在这幅作品中，幼儿参考了米罗大师的特殊图案，用蜡笔画、线描画、渲染画等多种方式，大胆地想象绘画出长辫子的太空人，图案可爱有趣。幼儿采用渲染的方法创作画面背景，并通过水和颜料的交融，丰富画面的色彩，增强了画面的质感、立体感和层次感。

作品二:《机器人变形》
（中四班　邱子媛）

幼儿运用蓝、紫两种颜色装饰画面边框，画面饱满。幼儿在渲染作品时用色大胆而富有创意，画面色彩分明，把绘画的机器人衬托得更加生动。

作品三:《变形金刚》

（中四班　林嘉豪）

幼儿充分运用米罗大师《外星人》中的元素大胆创作了变形金刚、金刚鸟、面包机器人等可爱的太空机器人形象，画面富有想象力。画中的机器人、小鸟造型各异，妙趣横生。

作品四:《外星人1号》

（中四班　卢薇）

幼儿运用各种图形大胆想象创作的外星人1号，形态奇异，富有童趣。在渲染时用色相对比较拘谨，所以渲染的层次感相对弱些。

活动内容二：美丽的花（大班）

🌸 活动目标

1. 尝试用渲染、喷画、折剪的方法制作立体花。

2. 欣赏花朵，感受生活中的美。

🌸 活动准备

1. 用各种各样的立体纸艺花把班级环境布置成"花店"。

2. 创作所需的工具（见图一）：

第一组：纸巾、毛根、（红、黄、蓝、绿、紫色）淡彩颜料、小刷子、牙刷、尺子、渲染工具盒。

第二组：宣纸、毛根、（红、黄、蓝、绿、紫色）淡彩颜料、小刷子、牙刷、尺子、渲染工具盒。

第三组：白色皱纹纸、毛根、（红、黄、蓝、绿、紫色）淡彩颜料、小刷子、牙刷、尺子、渲染工具盒。

图一

活动指导

1. 逛"花店"，感受花的造型、色彩美

（1）观察"花店"里各种颜色的花，感受花朵的色彩美。

（2）观察花朵、花瓣的造型、数量等，认识花朵的千姿百态。说一说：你喜欢"花店"里的哪束花？是什么颜色的？什么形状的？

（3）观察"花店"里的花是用什么材料做成的，感受不同材质制作的花的质感美。

（4）交流讨论：你想用什么纸做什么花？

2. 幼儿自主创作

（1）选择不同的纸做各种造型的纸艺花。

（2）淡彩渲染时颜料要适量。注意：纸巾、宣纸、皱纹纸材质较薄易破。

（3）教师指导幼儿选择牙刷、喷壶等喷画的方式装饰花朵。注意：等渲染后的花稍干一些再喷画效果会更好。

3. 分享交流

你做了什么花？美在哪儿？

活动延伸

1. 将纸艺花布置成小"花店"，开展角色游戏"花店"。

2. 将纸艺花当作道具投放到表演区。

作品一:《七彩花》

（大三班　陈民滋）

幼儿用生活中常见的纸巾巧妙地制作了纸艺花，又运用多种颜料大胆地进行渲染，使得花朵色彩丰富，形成了一朵美丽的七彩花。这种渲染的方式简单，但又满足了幼儿创作欲望，使幼儿从中获得成就感。

作品二:《太阳花》

（大三班　邱源）

幼儿采用宣纸巧妙制作的太阳花，生动可爱。运用了渲染、喷画等方法来点缀装饰太阳花的花瓣，使其富有肌理，从而使花朵更加形象逼真。

作品三：《牡丹花》

（大四班　叶诗含）

幼儿采用宣纸、纸巾等材料制作出形态不一的牡丹花。渲染的方法让幼儿简单、快速地把白色的花卉变成色彩丰富的七彩花，让幼儿体验了创作的乐趣和成功的喜悦。

作品四：《蝴蝶花》

（大四班　刘心妍）

幼儿用图画纸制作的蝴蝶花，活泼、可爱、生动。幼儿采用了蓝紫色调淡彩的渲染方式使得花朵更加美丽，栩栩如生。幼儿通过水和颜料的交融，丰富了纸艺花卉的色彩，增强了花卉的质感、立体感和层次感，加强了艺术效果。

作品五：《七色花》

（大三班　彭子钰）

幼儿大胆地运用渲染的方式，采用七彩的颜色进行混色，各种色彩的自然融合使得花朵变得绚丽多彩。大胆的用色，充分体现了幼儿的创造力。

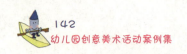

活动内容三：漂亮的手帕（大班）

🍇 **活动目标**

1. 欣赏渲染艺术品，感受渲染的色彩自然融合美。

2. 尝试多彩渲染手帕。

3. 大胆想象创作，分享交流创意。

🍇 **活动准备**

1. 准备《蓝与绿》（见图一）、《红与粉红》（见图二）及一些创意渲染画的彩印制品，将活动室布置成一个美术作品展厅。

图一

图二

2. 创作所需的工具（见图三）：

第一组：淡彩颜料、炫彩笔、海绵刷、清水、图画纸、渲染工具盒。

第二组：淡彩颜料、浓彩颜料、炫彩棒、海绵刷、清水、小排笔、毛巾、渲染工具盒。

第三组：淡彩颜料、浓彩颜料、海绵刷、纸巾、渲染工具盒。

图三

活动指导

1.欣赏渲染作品，感受艺术美

（1）参观"渲染美术作品展览厅"，说一说：你最喜欢哪幅作品？作品中都用了哪些色彩？这些色彩自然地融合在一起给你一种什么感觉？

（2）欣赏渲染作品的色彩自然融合美，激发幼儿想象，说一说：你觉得这幅渲染作品像什么？

（3）交流讨论：你想用几种颜色渲染制作手帕？你想选择什么材料？怎么渲染？

2.幼儿自主创作

（1）教师引导幼儿用多种颜色渲染，注意色彩搭配。

（2）用纸巾渲染时要挤干颜料后再打开纸巾。

（3）鼓励幼儿运用各种表现方式大胆想象添画作品。

3.分享交流

幼儿展示渲染的作品，相互交流渲染的手帕像什么？美在哪儿？

活动延伸

把创作的纸质品放置到美工区，制作纸艺花等。

作品赏析

作品一：《神奇的树》
（大四班　邱雯琳）

幼儿在创作这幅作品的时候大胆地选择颜色随意添加，再借助塑料薄膜盖住画面让各种颜色自然地融合在一起形成了七彩的色块，又大胆地用蜡笔点缀添画，使其变成了一棵七彩树，让人有耳目一新的视觉感受。

作品二：《大海边的夕阳》
（大四班　卢微）

幼儿选择毛巾作为创作材料，运用红、黄、蓝、绿、黑等多种颜色渲染手帕，各种颜色在自然的交融中呈现出了海边夕阳的美景，产生了意想不到的效果，色彩与水自然交融，构成了色彩斑斓的画面。

作品三:《生气的喷火龙》
（大四班　庄佩文）

幼儿借助红色和黄色淡彩颜料的自然融合描绘了熊熊烈火，再运用简笔画添画喷火龙，使得画面栩栩如生，富有童趣。这种创作方式，激发了幼儿的创作欲望，使其获得成就感。

作品四:《熊猫一家》
（大四班　林肯）

幼儿运用简单的渲染方式来装饰手帕，大胆地运用蓝色、绿色两种淡彩颜料，使之与水自然交融，形成了一片绿竹林。再运用线描、剪贴的方式添加了抱着一只可爱的小熊猫的熊猫妈妈，使得手帕的画面变得生动有趣，令人耳目一新。

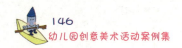
小小资料库　　　　渲染方法介绍

1. 先用油画棒在白纸上画出图案。

2. 再用海绵刷或排刷蘸上清水刷满整张纸。

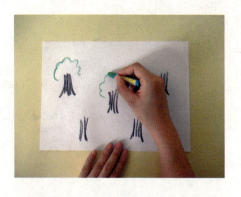

3. 当水未干时再用刷色工具蘸上颜料涂抹画面，让水和颜料自然交融，形成渲染效果。

4. 待颜料干后即呈现出作品。

 小提示

1. 刷清水时水分不宜过多，避免反复刷使纸张破裂。

2. 可选用多种颜料进行渲染，注意色彩搭配。

9

拓印画

拓印是使用油画棒将拓印模板上的图案印画下来的方法。通过拓印可以让幼儿简单、快速地呈现主题内容，帮助幼儿勾勒复杂形状、表现物品纹理，丰富幼儿创作手法。

　　拓印，根据底板的不同可以分为：凸板拓印、凹板拓印；根据方法的不同可以分为：单层拓印、多层拓印；根据底板材质的不同可以分为：单媒拓印、多媒拓印等。

　　拓印方法深受各个年龄段幼儿喜爱，幼儿可以运用拓印板、自然物（块状蔬菜、树叶、贝壳等）、生活用品（硬币、布等）以及"多元宝盒——拓印工具盒"（见图一、图二）进行自由创作。

🐟 图一　多元宝盒——拓印工具盒
🐟 图二　多元宝盒——拓印工具盒
　　　　（废旧材料自制）

图一

图二

活动内容一：我喜欢的小动物（中班）

🌀 活动目标

1. 尝试用拓印来创作。

2. 体验拓印的乐趣。

🌀 活动准备

1. 小熊玩偶一个，魔术箱一个（箱子里面装有帽子、围巾等），拓印画若干张。

2. 音乐：《森林狂想曲》。

3. 创作所需的工具（见图一）：大象、熊、狮子等动物的拓印板，帽子、花朵等装饰图形拓印板，拓印工具盒，油画棒，图画纸。

图一

活动指导

1. 欣赏拓印画，感受拓印画的趣味性

说一说：你看到了什么？它是怎么变出来的？

2. 幼儿自主创作

（1）幼儿自由选择材料组合拓印。

（2）拓印前先将拓印板放在白纸下面，用夹子固定好。

（3）教师鼓励幼儿用油画棒或者排笔添画作品，丰富画面内容。

（4）拓印时注意保持画面的整洁。

3. 分享交流

你变出了什么小动物？

4. 音乐游戏

跟随音乐《森林狂想曲》，模仿不同的小动物做律动游戏。

活动延伸

在阅读区阅读绘本，了解动物的特征以及生活习性。

作品赏析

作品一:《可爱的小熊》
（中二班　赖永斌）
幼儿借助动物拓印板，运用拓印的方法，很快地呈现出小熊的外形。小熊头与领结的组合拓印让画面更富创意，与众不同。

作品二:《戴帽子的熊》
（中二班　陈一诺）
这幅作品幼儿用帽子和小熊头像组合拓印，添画的表情充满童趣。在色彩的选择上与作品一相比，更多选用暖色调，建议增加一些冷色调，整体色彩的对比度效果会更好。

作品三:《爱洗澡的大象》
(中二班 刘小雪)

幼儿将拓印多出来的蓝色的线条想象成大象洗澡的水,于是又添画了淋浴头,使整幅作品充满童趣,富有情境感。

作品四:《狮子来了》
(中二班 许宇祥)

幼儿在拓印的过程中力度使用不均,导致画面比较零散不成型,教师及时引导幼儿勾勒线条,添画狮子表情,形象表现画面。

活动内容二：叶子变变变（大班）

活动目标

1. 尝试使用组合拓印的方法创作。

2. 乐于表述自己的想象。

活动准备

1. 树叶想象画的课件。

2. 创作所需的工具（见图一）：油画棒、剪刀、拓印工具盒、各种不同形状的树叶若干、水果网。

图一

活动指导

1. 观察树叶，感受生活中的美

观察树叶的外形、颜色、叶脉等特点并分享交流。

2. 欣赏树叶想象画

（1）观察、感受"神奇的拓印"，将叶子放在纸张下，用油画棒将叶子纹路拓印出来。讨论：拓印出来的树叶像什么？可以变成什么？

（2）欣赏树叶想象画，说一说：你喜欢哪幅树叶想象画作品？你想用什么形状的树叶？变成什么？

3. 幼儿自主创作

（1）幼儿自由选择一片叶子进行单层拓印或者多片叶子重叠、组合拓印，再进行添画。

（2）使用油画棒拓印时注意固定住叶子的位置。

（3）注意颜色搭配并保持画面整洁干净。

4. 分享交流

介绍自己的想象画作品，说说用叶子变成了什么。

活动延伸

1. 家长带幼儿去户外观察树叶，认识身边的树朋友。

2. 在美工区放置树叶，让幼儿做树叶拼贴画或拓印想象画。

作品赏析

作品一：《树叶金鱼》
（大二班　杨诗涵）
幼儿借助树叶的形状、叶脉纹理大胆展开想象，添画金鱼，作品色彩丰富富有想象力。

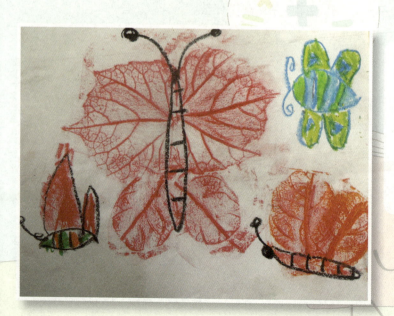

作品二：《蝴蝶飞来了》
（大二班　刘诺涵）
作品运用组合拓印和重叠拓印法，形象地表现出蝴蝶的外形，呈现树叶等自然物的纹路美。幼儿大胆将树叶想象成蝴蝶，作品形态逼真，但是整体构图略显分散。

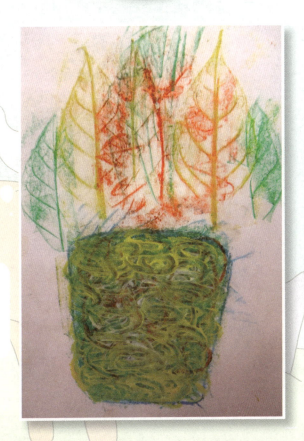

作品三:《松鼠》

（大二班　何熙娴）

幼儿将树叶想象成松鼠的尾巴，并将添
画的松鼠剪下来，粘贴在树叶上，使得
画面层次感、立体感加强，富有情趣。

作品四:《树》

（大二班　邱妤薇）

作品虽然构图比较简单，只是再现了树
叶的原貌，但是拓印的叶子色彩混合自
然，富有美感。

小小资料库　　　　拓印方法介绍

1. 将纸张放在凸（凹）板拓印板上方，用夹子固定住。

2. 用油画棒在底板凸起（凹下）的图案上方用 60 度画法或者 180 度平涂的方法涂画，使底板上的图案印画到纸张上。

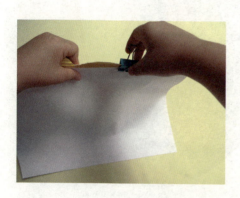

3. 可以选择多种图案进行多层拓印、组合拓印、多媒拓印或者添画，完成作品。

 小 提 示

　　1. 凸板拓印板的制作：在卡纸（或者其他较硬的材质，如瓦楞纸、塑料板等）上画下需要的图形并沿边剪下（也可以将剪下的图形贴在另外一个底板中间），做成凸板拓印板。

　　2. 凹板拓印板的制作：在卡纸（或者其他较硬的材质，如瓦楞纸、塑料板等）中间画下需要的图形并沿边剪下，剩下的镂空底板作为凹板拓印板。底板边框距离不小于 3cm。

　　3. 多媒拓印材料的制作：有一定纹路的自然物（块状蔬菜、树叶、贝壳等）和生活用品（硬币、布等）。

排水画

排水是使用蜡笔、油画棒、水彩共同完成画面的一种绘画形式。水彩是水性的，而蜡笔和油画棒具有排水性，因此用蜡笔和油画棒绘制过图案的地方就上不了水彩色，从而使画面主题明确，充满立体感。排水画能够满足孩子表现大面积背景色彩的需要，并使其获得成就感。

　　排水画易操作，成型快，画面主题较突出，适合各年龄段幼儿。幼儿可以运用多元宝盒——排水工具盒（见图一、图二）、排笔、海绵刷等各种刷色工具在图画纸上作画。

🖍 图一　多元宝盒——排水工具盒
🖍 图二　多元宝盒——排水工具盒
　　　　（废旧材料自制）

图一

图二

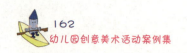
活动内容一：扇子（小班）

⭐ **活动目标**

1. 了解扇子的外形特征。

2. 尝试用排水法创作扇子。

3. 体验创作的乐趣。

⭐ **活动准备**

1. 各种各样的扇子。

2. 创作所需的工具（见图一）：

第一组：图画纸、剪刀、油画棒、颜料、订书机、双面胶、排刷、吸管、抹布、排水工具盒。

第二组：图画纸、剪刀、油画棒、颜料、订书机、双面胶、排刷、一次性筷子抹布、排水工具盒。

图一

⭐ **活动指导**

1. 欣赏各式各样的扇子

（1）了解扇子的外形特征、作用和种类。

（2）说一说：扇子有什么作用？你喜欢哪把扇子？为什么？

2. 幼儿分组创作

（1）用油画棒画花纹图案和动物的表情，注意厚重饱满。

（2）教师要引导幼儿多用排水法创作扇子。

（3）排水时不要反复刷，避免损坏画纸。

3. 分享交流

介绍自己创作的扇子。

⭐ **活动延伸**

在美工区放置排水工具盒等材料供孩子们继续创作。

作品赏析

作品一:《可爱的小熊扇》
（小一班　陈泓宇）
作品生动地表现出了可爱、调皮的小熊形象——眯着眼、歪着嘴。幼儿运用排水的方式突出表情，在小熊的耳朵上还添加了线条图案的装饰，使整体画面显得更加生动。

作品二:《小兔扇子》
（小一班　王紫凡）
有着一双弯弯的眉毛、圆圆的眼睛、红红的小脸蛋的小兔子形象反映出作者乖巧、伶俐的性格。幼儿运用了双色排水的方法，使小兔子的形象更加亮丽、多彩。

作品三：《小狗扇子》
（小一班　庄梓鑫）

这是一幅表情描绘生动、有趣的作品，表现出了孩子内心的情感。画面中的线描生动、稚拙、简单可爱。

作品四：《小猫扇》
（小一班　胡佳雯）

作品线条流畅、稚拙，表现了一个表情甜美、可爱的小猫形象。从甜美的造型、丰富的背景和鲜艳的色彩可以看出作者内心自由而快乐，浪漫且天真。

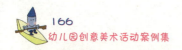
活动内容二：飞碟（中班）

活动目标

1. 尝试用排水的方法创作。
2. 体验玩飞碟游戏的乐趣。

活动准备

1. 飞碟图片。

2. 创作所需的工具（见图一）：一次性纸盘与纸碗、水彩笔、油画棒、刷子、颜料、排水工具盒。

图一

★ **活动指导**

1. 欣赏飞碟图片，感受飞碟图案的排序规律。

2. 幼儿自主创作

（1）用油画棒作画时要注意画面要厚重饱满。

（2）排水时注意色彩搭配。

（3）教师鼓励幼儿大胆创作，设计各种不同的线描并有规律的排序。

3. 分享交流

你喜欢哪个作品？为什么？你觉得这个作品美在哪儿？

★ **活动延伸**

教师带领幼儿进行户外游戏或亲子游戏：飞碟转转转。

作品赏析

作品一：《飞碟转转转》
（中四班　郑安然）

幼儿巧妙地运用纸盘、纸碗，拼接成了一个飞碟玩具。各种几何图形有规律地排列，让这个飞碟更具画面感。

作品二：《小兔飞碟》
（中一班　陈梓萱）

幼儿选择了对比强烈的黄、紫色，给人以明快感，富有层次性。画面中运用了圆形、云朵、小兔的图案，丰富又不显得杂乱。

幼儿采用了红、黄两种暖色调作
为背景色填充，颜色搭配和谐。
画面上可爱的蝴蝶结、红色的爱
心和简易的线条装饰让作品显得
丰富，充满童趣。

幼儿玩"飞碟转转转"游戏

作品四:《飞碟转转乐》
（中四班　邱怡睿）

作品图案丰富，有汉字、爱心、几何
图案，但是图案排列得不够规律，线
条的勾画不够流畅。颜料涂的过厚，
使得部分图案被遮盖住，影响了画面
的整体效果。

活动内容三：汽车总动员（中班）

⭐ **活动目标**

1. 了解汽车的外形特征。

2. 运用排水法表现白边画汽车，感受白边画的神奇。

⭐ **活动准备**

1. 请幼儿每人带 2 种类型的玩具汽车或汽车模型。

2. 音乐《开汽车》及红绿灯的牌子。

3. 创作所需的工具（见图一）：白色油画棒、图画纸、排笔、颜料、排水工具盒。

图一

⭐ **活动指导**

1. 玩开汽车的游戏，激发幼儿兴趣

（1）请幼儿扮演汽车，手当方向盘，并唱儿歌："嘟嘟嘟，我来当小汽车，红灯停，绿灯行，当个文明小司机"。

（2）教师出示红绿灯的牌子并提问："红灯亮了怎么办？"（幼儿停）"绿灯亮了，小朋友要怎么办呢？"（幼儿继续开车）

2. 分享汽车模型，观察汽车的外形特征

说一说：你认识什么汽车？汽车是什么样子的？车身上有些什么？什么形状？什么颜色？

3. 幼儿自主创作

（1）先用白色油画棒画出汽车轮廓，线条需厚重、饱满。

（2）排水时不要来回反复刷，避免纸张损坏。

4. 分享交流

你画的汽车是什么样子的？

⭐ **活动延伸**

1. 幼儿汽车作品大集合，玩"汽车总动员"游戏。

2. 在美工区尝试运用排水方法创作不同的作品。

作品赏析

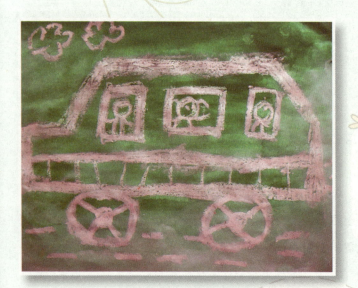

作品一:《小轿车》
（中四班　刘宸帅）
作品运用白色油画棒刻画汽车形象，画面主题突出，透过恰当使用排水的方法，使得汽车清晰地呈现在画面上。

作品二:《大货车》
（中四班　林雨婷）
画面上红色的背景与白边勾画的汽车形成了鲜明的对比，让一辆可爱的大货车一下子跳入了眼帘。背景上添加的曲线、短线让整个画面显得更加丰富，充满动感。

作品三:《公交车》
（中四班　庄裕祺）

这幅作品所表现的主题内容特别突出——一辆双层巴士。通过白色油画棒与水彩的分离效果，让汽车更加鲜活地呈现在画面中，并给了观赏者更多想象的空间：这辆汽车是要开去哪里呢？

作品四:《半球汽车》
（中四班　林文静）

幼儿绘画的汽车造型独特，还有拟人化的小眼睛，画面稚拙而富有童趣，符合中班幼儿表现事物的特点，但是由于幼儿用白色油画棒画的线条不够厚重、饱满，所以排水后汽车造型不够明显。

活动内容四：蓝色的大海（大班）

⭐ 活动目标

1. 欣赏海底世界，感受大自然的美。

2. 尝试用排水、线描等方法表现海底世界。

3. 合作创作长卷画，体验合作的乐趣。

⭐ 活动准备

1. 带领幼儿认识海洋里的生物。

2. 大海的图片，轻音乐。

3. 创作所需的道具（见图一）：图画纸、油画棒、勾线笔、颜料、排刷、海绵刷、抹布、排水工具盒。

图一

⭐ 活动指导

1. 观察海底世界里动植物的特征和基本外形

说一说：大海里有什么？

2. 分组合作创作长卷画：海底世界

（1）小组交流讨论如何合作创作长卷画。

① 鼓励幼儿大胆想象：你想在长卷画上画什么？

② 交流讨论：怎么分工合作？

（2）要求：

① 幼儿自由选择材料，大胆创作。

② 教师引导幼儿合理分工，在合适的位置上作画。

③ 教师引导幼儿选择多种颜色排水，丰富画面。

④ 注意不要同一区域反复刷，以免损坏作品。

3. 分享交流

欣赏长卷作品，分享合作创作的海底世界。说说海底世界长卷画美吗？你和谁合作画了什么？你最喜欢哪部分的创作？

⭐ 活动延伸

把长卷画改造成舞台背景。

作品赏析

作品:《奇妙的海底世界》

（大一班 谢佳颖 邱宸昊 李佳琪 邱奕晨 邱天语 林语涵 邱文琳）

这是一幅幼儿集体创作的绘画作品，首先映入眼帘的是画面中间两条漂亮的大花鱼，在视觉上给人强烈的冲击感，显示出在这个海底世界中，大鱼的地位不可动摇。其他的小生物，如螃蟹、小鱼、水母、章鱼等，也刻画得十分细致。在背景处理上运用了黄色、浅蓝、深蓝三种颜色的排水方式，使得画面整体感更强。

小小资料库　　　排水方法介绍

1. 先用勾线笔（油画棒）在纸上构图。

2. 用油画棒将作品涂上颜色。

3. 用刷子、排笔等工具把稀释后的颜料（单色或是多色）均匀涂抹在作品上。

4. 完成画面。

 小 提 示

1. 使用油画棒绘画时要注意画面尽可能地厚重、饱满。

2. 排水时不要反复刷，避免损坏画纸。

刮画

刮画是一种新型的绘画方式。除了可以用竹笔在刮画纸上进行绘画创作以外，幼儿还可以配合其他工具如：牙签、用完的水笔或圆珠笔、竹筷、回形针等。尖的工具用来画细线条，更好地表现细节；扁平的有一定宽度的工具可以用来画粗犷的线条或者面。刮画纸是一种双层艺术类纸品，在单彩（底层为一种颜色或多种颜色，表层为单色）或是多彩（底层为彩色，表层为多色）的纸张（卡纸、广告纸等）上刮去表层的颜色，露出下面的底色，色彩靓丽，对比强烈，有着良好的视觉效果，深得小朋友的喜爱。刮画不适合反复修改，可以培养孩子果断的作画习惯。它能满足幼儿体会色彩美、线条美的需要，使其获得成就感。

　　刮画方法适合中大班幼儿，可以运用多元宝盒——刮画工具盒（见图一、图二）在各类纸质品等材料上创作。

🌱 图一　多元宝盒——刮画工具盒
🌱 图二　多元宝盒——刮画工具盒
　　　　（废旧材料自制）

图一

图二

活动内容一：四季的树（中班）

🎨 **活动目标**

1. 认识四季的树，感受四季中树的变化。

2. 尝试运用单彩刮画方法表现四季的树。

3. 体验捉迷藏游戏的乐趣。

🎨 **活动准备**

1. 幼儿有玩捉迷藏游戏的经验。

2. 课件《小树的四季》，轻音乐，小兔、小鸟等图片。

3. 创作所需的工具（见图一）：

图一

第一组：图画纸、油画棒（黄色、浅绿色、肤色、深绿色）、刮画笔、刮画工具盒。

第二组：卡纸、油画棒（红色、黄色、深绿色、蓝色）、颜料（黑色、红色、绿色）、排刷、刮画笔、洗洁精、刮画工具盒。

第三组：红、橙底色的广告纸、黑色颜料、排刷、刮画笔、洗洁精、牙签、刮画工具盒。

第四组：纸盘、油画棒（红色、黑色、绿色）、颜料（白色、蓝色）、排刷、刮画笔、油画棒、洗洁精、刮画工具盒。

活动指导

1. 观看课件，感受树的四季变化

（1）说一说：最喜欢哪棵树？它的形状是怎样的？它是什么颜色，哪个季节的树？

（2）讨论：树的色彩随着季节的变化有什么不同？有什么感受？

2. 幼儿自主创作

（1）幼儿自选刮画工具尝试刮画，感受使用不同的工具会产生不同的刮画效果，如线条的粗细、色彩的变化等。

（2）教师提问：小朋友们用了哪些工具？刮出了什么？给你带来什么感受？

（3）根据不同的季节在色纸上涂上相应的颜色。

（4）制作刮画纸的水粉颜料要全部覆盖画面，涂均匀不露底色。

3. 展示与分享

幼儿相互展示自己的作品，说说自己的作品美在哪儿。

活动延伸

1. 将作品投放在语言区，编创故事。

2. 玩游戏，将动物夹子夹在四季的小树上，进行捉迷藏的游戏。

作品赏析

作品一:《春天爱心树》

（中一班　邱成妹）

这幅作品运用了黄色、肤色和浅绿色为刮画底色，表现了春天清新的色彩。幼儿刮画出了一颗颗大大小小的爱心，让这棵树显得生机勃勃。

作品二:《夏天的树》

（中一班　宋逸轩）

幼儿抓住了夏天的色彩特征，大块地使用深绿、浅绿，让这棵夏天的树变得浓密茂盛。刮画的螺旋状图案让树富有动感，生机盎然。

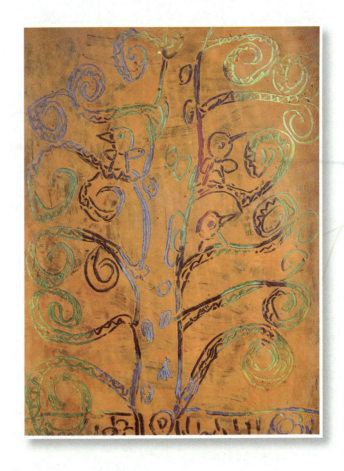

作品三:《秋天的生命树》
（中一班　洪杨）
这幅作品是幼儿欣赏过艺术大师克林姆的《生命树》后的创意想象画，大面积的橙色背景让人一目了然，马上联想到秋天果实丰收的场景。从橙色的背景中跳出来的彩色的生命树枝干，更使画面具有生气，表达了孩子对生活的热爱之情。

作品四:《冬天的树林》
（中一班　周礼裕）
幼儿运用纸盘进行绘画。多彩底色的运用，白蓝色块的叠加，以及在幼儿稚拙的笔下刮出来的雪人和树木，共同营造了一副冬天雪花漫天飞舞的场景。

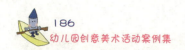

活动内容二：飞机（大班）

活动目标

1. 了解飞机的基本特征，尝试制作纸飞机。

2. 尝试运用环保刮画的方法表现纸飞机。

3. 体验投掷纸飞机游戏的乐趣。

活动准备

1. 飞机的图片。

2. 创作所需的工具：

第一组：纸筒、卡纸、颜料、排刷、刮画笔、双面胶、订书机、剪刀、勾线笔、刮画工具盒。（见图一）

第二组：卡纸、剪刀、颜料、排刷、刮画笔、刮画工具盒。（见图二）

第三组：图画纸、颜料、排刷、刮画笔、剪刀、刮画工具盒。（见图三）

第四组：彩色硬纸板、颜料、排刷、油画棒、油画棒、刮画笔、刮画工具盒。（见图四）

图一

图二

图三

图四

活动指导

1. 玩投掷纸飞机游戏，激发兴趣

2. 欣赏不同风格的飞机

（1）欣赏飞机图片（民航飞机、直升机、滑翔机等），了解飞机的基本特征。

（2）欣赏美工创作的各种不同的飞机作品图片（折纸飞机、圆球构成的直升机等）。

（3）交流讨论：你喜欢什么样的飞机？它的外形是怎么样的？有什么特点？

3. 幼儿分组创作

（1）幼儿自由选择材料创作，教师巡回指导。

（2）在制作好的飞机上运用刮画的方法装饰。颜色未干时可以运用各种刮画工具刮出各种粗细线条和图案。

4. 分享交流

（1）欣赏幼儿制作的飞机作品，鼓励幼儿介绍自己制作的是什么飞机，以及是怎样制作的。

（2）说一说：你最喜欢哪架飞机？为什么？它炫在哪里？

活动延伸

1. 户外游戏：滑翔机飞得远。带领幼儿一起到户外进行投掷滑翔机的游戏。

2. 将制作好的飞机作品作为主题丰富环境。

作品赏析

作品一：《滑翔机》
（大一班　王诗晴）

亮丽的绿色和黄色形成了特殊的迷彩色飞机。幼儿运用刮画工具刮出飞机上的窗户和数字，将现实中的飞机细节形象地表现出来。

作品二：《战斗机》
（大一班　刘晓培）

幼儿运用黄色和红色两种暖色调进行着色，色彩艳丽。但是幼儿刮画时的力度偏轻，图案没有很清晰地呈现出来。

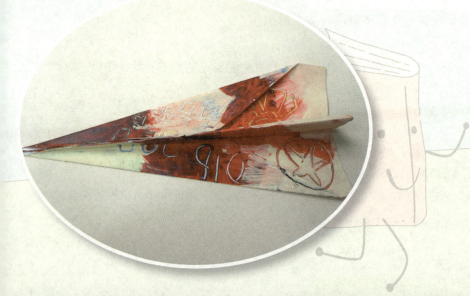

作品四:《直升机》

（大一班 叶佳琦）

幼儿将作品底色刷成彩色，表层覆盖上了黑色，并运用刮画工具刮画出了一架七彩的、造型可爱的直升机，满足了幼儿的创作欲望，增强了幼儿的创作兴趣。

活动内容三：可爱的狮子（大班）

🌈 **活动目标**

1. 了解狮子的外形、动态特征。

2. 尝试用多彩刮画的方法表现狮子。

3. 体验刮画狮子的乐趣。

🌈 **活动准备**

1. 课件制作各种动态表情的狮子图片。

2. 创作所需的工具（见图一、图二、图三、图四）：

第一组：纸盘、颜料、排刷、刮画笔、笔、剪刀、双面胶、刮画工具盒。

第二组：图画纸、颜料、排卡纸、刮画刷、刮画工具盒。

图一

图二

第三组：卡纸、颜料、排刷、刮画笔、排刷、刮画笔、刮画工具盒。　　第四组：彩色广告纸、颜料、刮画工具盒。

图三

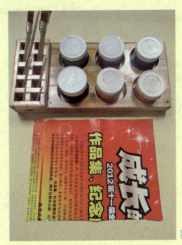

图四

活动指导

1. 欣赏狮子的不同表情

（1）通过谈话引出创作的主题：森林之王——狮子。

（2）观察课件中狮子的外形特征、动作、表情、体态。

2. 幼儿分组创作

（1）幼儿观看循环播放的课件，自主创作。

（2）教师指导幼儿刮画狮子的毛和不同的表情。

（3）使用油画棒涂色时要均匀，建议底色以暖色调和亮色为主。使用水粉颜料涂色时要覆盖全部画面，涂色要均匀，不露底色。

3. 分享交流

展示作品，开展"狮子选美"活动，说说：你最喜欢哪只狮子？为什么？

活动延伸

将幼儿创作的作品创设为野生动物园的狮子馆。

作品赏析

作品一：《可爱的狮子》
（大一班　谢佳颖）

幼儿运用了多彩刮画的创作方法，在表层覆盖上红、黑、白三种色彩对比强烈的颜色，用笔刮画后马上呈现出一幅可爱的七彩狮子形象。幼儿巧妙地运用圈涂的方法将狮子威武的毛发变成了动感、柔和的卷发，使主题形象显得既威武而又憨态可掬。

作品二：《跳舞的狮子》
（大一班　邱楚琪）

幼儿利用纸盘作为狮子的头部进行创作，表现出一只可爱、调皮的狮子形象。线描装饰的身体搭配刮画出的狮子头部，让作品显得生动而有活力。

作品三:《威武的狮子》
（大一班　林语涵）

画面通过多彩的底色和表层颜色，刮出了一只表情凶猛的狮子。由于色彩选择的过于随意使主题形象不够突出，但是狮子的刻画却十分生动，可以感受到作者的情感。

作品四:《狮子王》
（大一班　邱天语）

虽然幼儿将多种冷暖颜色搭配在一起，但是色彩还是比较柔和，因此狮子的形象较为清晰。从狮子流畅的外形轮廓可以看出作者细腻的内心。

小小资料库　　　刮画方法介绍

1. 在白色卡纸或有色纸上均匀地涂上一层或多层（单色或多色）油画棒或水彩颜料。

2. 用黑色水粉颜料（加洗洁精）覆盖在画面上。

3. 颜料未干时，根据造型和画面的需要，运用棉签、牙签或是竹筷等各种刮画工具在画面上刮出造型。

 小 提 示

1. 使用油画棒涂色时要均匀、饱满。

2. 表层的水粉颜料要全部覆盖画面，均匀涂抹不露底色。

3. 自制的多彩刮画的底层颜色与表层颜色应不同，建议采用对比色。

附 录

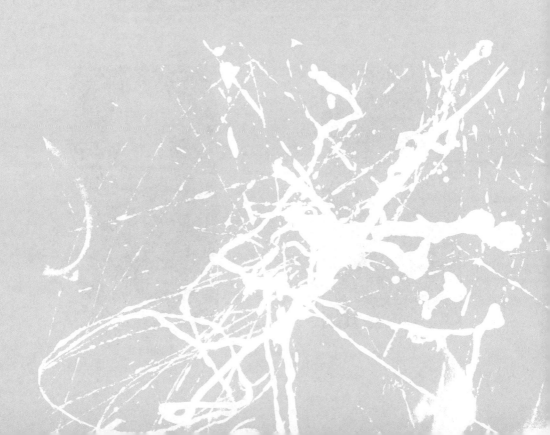

班级门口环境

🔔 猜猜我是谁

🔔 我的爸爸

🔔 我的妈妈

🖍 圣诞树

🖍 生命树

隔断环境

美丽的花

爱的贺卡

有趣的表情

快乐树

🚀 我长大了

🚀 梅花

🚀 红砖古厝

环境一角

教师艺术大师版画作品展

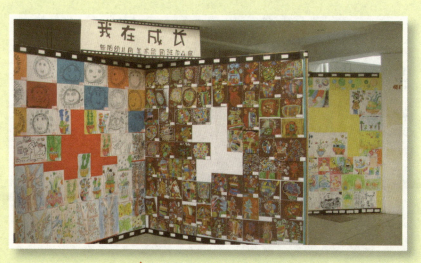

"我在成长"幼儿美工作品展

🚀 五彩走廊

🚀 美工室幼儿作品展示

幼儿园区域环境

🎨 美工区—动物世界

🎨 美工区—花房

🎨 美工区—森林里的树

🚀 操作区—海盗船

🚀 美工区—不一样的树

🚀 美工区—青花瓷韵

🚀 分享区

幼儿园班级主题环境

主题环创：可爱的动物

主题环创：我的家乡

主题环创：圆圆的世界

主题环创：我的家

主题环创：海底世界

主题环创：树林

主题环创：树

🔺 主题环创：来来往往

🔺 主题环创：心情的故事

图书在版编目(CIP)数据

幼儿园创意美术活动案例集 / 谢颖蘋主编 . —上海:华东师范大学出版社,2013.9
ISBN 978 - 7 - 5675 - 1259 - 7

Ⅰ.① 幼 … Ⅱ.① 谢 … Ⅲ.① 美术课—教案(教育)—学前教育 Ⅳ.① G613.6

中国版本图书馆 CIP 数据核字(2013)第 232256 号

大夏书系·幼儿教育

幼儿园创意美术活动案例集

主　　编	谢颖蘋
副 主 编	上官敏　陈　升
策划编辑	朱永通
审读编辑	朱　颖
封面设计	奇文云海·设计顾问

出版发行　华东师范大学出版社
社　　址　上海市中山北路 3663 号　邮编　200062
网　　址　www.ecnupress.com.cn
电　　话　021 - 60821666　行政传真　021 - 62572105
客服电话　021 - 62865537
邮购电话　021 - 62869887　地址　上海市中山北路 3663 号华东师范大学校内先锋路口
网　　店　http://hdsdcbs.tmall.com/

印 刷 者	北京博海升彩色印刷有限公司
开　　本	710×1000　16 开
插　　页	1
印　　张	14
字　　数	150 千字
版　　次	2014 年 1 月第一版
印　　次	2024 年 6 月第十六次
印　　数	49 101 - 50 100
书　　号	ISBN 978 - 7 - 5675 - 1259 - 7/G·6862
定　　价	45.00 元

出 版 人　王　焰

(如发现本版图书有印订质量问题,请寄回本社市场部调换或电话 021-62865537 联系)